부의 미술관

인간의 욕망과 뒤얽힌
역사 속 명화 이야기

부의
미술관

니시오카 후미히코 지음 | 서수지 옮김

사람과
나무사이

부의 미술관

1판 1쇄 발행 2022년 3월 31일
1판 4쇄 발행 2023년 11월 11일

지은이 니시오카 후미히코
옮긴이 서수지
펴낸이 이재두
펴낸곳 사람과나무사이
등록번호 2014년 9월 23일(제2014-000177호)
주소 경기도 고양시 일산서구 강선로 142, 1701동 302호
전화 (031)815-7176 팩스 (031)601-6181
이메일 saram_namu@naver.com
디자인 박대성

ISBN 979-11-88635-60-3 03900

"마치 무대 마술사가 지팡이를 휘둘러

모자 속에서 살아 있는 토끼를 꺼내듯

천재 미술상 폴 뒤랑뤼엘은 카브리올 레그 가구와

금테 액자를 활용해 인상주의 화가들을

황금알을 낳는 거위로 변신시켰다."

— 본문 중에서

인간의 욕망과 뒤얽힌 명화는 어떻게 부를 창조하고 역사를 발전시켰나?

1517년, 비텐베르크 교회에 '95개 조항'을 붙이면서 시작된 마르틴 루터의 종교개혁은 예술가들의 밥줄을 끊어놓았다. 이는 유럽 전역을 뒤덮은 종교개혁의 거센 불길 속에서 프로테스탄트가 종교미술을 성경이 금지하는 우상 숭배 행위로 규정하고 교회를 장식한 회화와 조각을 무차별적으로 파괴한 결과였다.

16~17세기 네덜란드는 대표적인 프로테스탄트 국가였다. 그런 터라 종교개혁이 한창일 때 네덜란드에서는 성경의 가르침에 따라 우상을 철저히 배격하고 종교미술을 적극적으로 파괴했다. 당시 네덜란드의 한 화가가 광기로 치달은 프로테스탄트 신도의 종교미술품 파괴 상황을 기록으로 남겼다. 그는 폭도로 변한 프로테스탄트를 "야만스럽고 어리석으며 광기에 사로잡힌 무리"로

묘사하며 분노를 표출했다. 다른 한편으로 그는 자신이 열정을 쏟아부어 창작한 미술품이 무참히 파괴되는 것을 보며 분노를 넘어 공포감에 휩싸였다. 당시 네덜란드 예술가들에게는 절망적인 상황의 연속이었다. 예술의 존립 자체가 위협받는 듯한 상황으로 치달았기 때문이다.

불에 타 잿더미가 된 땅에서 새싹이 움트듯 기회와 희망은 위기의 한복판에서 태어나 자라는 법이다. 종교개혁의 여파로 초토화되다시피 한 17세기 네덜란드 미술이 그랬다. 아니, 17세기 네덜란드에서는 단지 희망과 기회가 싹튼 정도를 넘어 오히려 회화 열풍이 거세게 일어났다. 그 한 세기 동안 이 나라에서만 무려 600만 점에 달하는 엄청난 양의 회화가 그려졌으니 과연 '열풍'이라 할 만했다. 그뿐만이 아니었다. 17세기 네덜란드 미술은 '정물화', '풍경화'와 같은 새로운 예술 장르를 탄생시켰고, 요하네스 페르메이르, 렘브란트 반 레인 등의 걸출한 화가를 배출했다. 그리고 그 흐름은 훗날 위대한 화가 빈센트 반 고흐로 이어졌다.

네덜란드 미술계는 종교개혁과 맞물려 벌어진 미술 파괴라는 미증유의 위기를 어떻게 그토록 드라마틱하고도 대단한 기회로 바꾸었을까? 여기에는 두 가지 비결이 있었다. 첫째, 교회·왕실 등 부와 권력을 손에 쥔 후원자의 주문에 전적으로 의존하던 생산 시스템이 '기성품 전시 판매' 방식으로 바뀐 덕분이었다. 이는 미술품의 주요 소비층이 교황·왕을 비롯한 교회와 세속의 권력자에서 '일반 시민'으로 확산된 데 따른 현상이다. 둘째, 그림 소재가 과거의 성경이나 신화 이야기에서 일반 시민의 삶을 구성하는 구체적이고 생동감 넘치는 인물과 물건, 풍경 등으로 바뀐 덕분이었다. 이로써 페르메이르의 걸작 〈우유를 따르는 여인〉, 〈진주 귀걸이를 한 소녀〉처럼 당대 평범한 시민을 모델로 그린 작품과 일반 가정집을 장식하기에 좋은 정물화·풍경화가 큰 인기를 누렸다.

모네의 〈수련〉, 르누아르의 〈뱃놀이 친구들의 점심식사〉, 고흐의 〈아를의 별이 빛나는 밤〉은 오늘날 그야말로 천문학적인 가격에 거래되는 인상주의 회화를 대표하는 작품들이다. 이러한 인상주의 회화가 처음 세상에 선보였을 때 '잡동사니' 혹은 '불량품' 취급을 받았다고 하면 놀라는 독자가 많을 것이다. 실제로 그런 연유에서 그림이 도무지 팔리지 않아 먹고살 길이 막막해진 모네는 진지하게 자살을 생각할 정도였고, 고흐는 그림 한 점 제대로 팔지 못해 평생 궁핍하게 살다가 스스로 생을 마감했다.

그런 인상주의 회화는 어떻게 미술 시장에서 그야말로 부르는 게 값인 '귀하신 몸'이 되었을까? 이는 거의 전적으로 19세기 파리를 주름잡은 최고 미술상 폴 뒤랑뤼엘의 공이다. 그는 어떻게 잡동사니 취급에 천덕꾸러기 신세였던 인상주의 회화를 최고 명작 반열에 올려놓았을까? 여기에는 뒤랑뤼엘의 탁월한 안목과

혜안, 그리고 빛나는 마케팅 전략이 숨어 있다. 그는 프랑스 혁명 이후 구시대의 유물이 되어버린 화려한 궁정문화에 대한 일반 시민의 은밀한 욕구를 간파하고 궁정문화의 상징처럼 여겨지는 '카브리올 레그'와 '금테 액자'를 인상주의 회화의 전시와 홍보에 적극 활용했다. 그러나 그의 전략이 처음부터 기대한 성과를 얻은 것은 아니었다. 대중은 물론이고 인상주의 화가들조차 뒤랑뤼엘의 의도와 전략을 이해하지 못했으며, 그의 행태를 비난하며 반대한 화가도 적지 않았다. 그러나 결국 대중의 심리를 날카롭게 간파하고 교묘히 조종하는 뒤랑뤼엘의 탁월한 마케팅 전략과 '최고의 분위기'·'서비스'라는 기법이 절묘하게 어우러지며 만들어낸 놀라운 시너지 효과가 그를 성공으로 이끌었다. 여기에 더해 19세기 이후 '전 세계의 돈줄'이 된 미국인 부호들의 '귀족 콤플렉스'를 절묘하게 공략한 뒤랑뤼엘은 마침내 인상주의 회화를 계획대로 최고가 미술품으로 둔갑시켰으며, 그 대가로 엄청난 부와 명예를 손에 넣었다.

　　이 책『부의 미술관』은 14~16세기 유럽의 정치와 경제, 문화와 예술을 송두리째 뒤바꿔놓은 역사적 사건과 현상, 예컨대 르네상스와 종교개혁이 미술 시장과 역사를 어떻게 추동하며 변화시켜왔는지 파헤친다. 앞에 소개한 종교개혁 이후 17세기 네덜란드에서 전개된 미술 시장의 중요한 패러다임 변화와 19세기 파리에서 펼쳐진 폴 뒤랑뤼엘의 이른바 '인상주의 회화 명품 만들기 전략'은 그 대표적인 예다.

한마디로 정의하자면, 이 책은 르네상스와 종교개혁 이후 '자본주의를 태동시킨 욕망의 명화 이야기'라고 할 수 있다. 좀 더 구체적으로 이 책은 14~16세기 이후 600여 년간 유럽의 이탈리아와 프랑스, 그리고 네덜란드를 중심으로 전개된 미술사와 문화사의 중심부를 관통하는 8편의 이야기를 소개한다. 이들 이야기 속에는 흥미진진하면서도 지적 호기심을 자극하는 내용이 가득한데, 일테면 이런 것이다. '〈우유를 따르는 여인〉이 페르메이르 집안의 3년 치 빵값으로 팔려 빵집 광고로 활용됐다는데?', '레오나르도 다빈치와 미켈란젤로는 왜 정물화와 풍경화를 한 점도 그리지 않았을까?', '렘브란트는 왜 자기 그림을 모사하는 '가짜 그림'을 적극적으로 양산했을까?', '미켈란젤로의 대작 〈천지창조〉를 다빈치가 그리면 4,000년이 걸린다?', '다빈치의 〈최후의 만찬〉이 〈모나리자〉와 달리 유네스코 지정 세계문화유산으로 등록된 이유는 부동산이기 때문이다?', '메디치 가문 지하 금융의 도움이 없었다면 르네상스도 없었다?', '자크 루이 다비드는 왜 황제 나폴레옹을 그린 두 작품 〈나폴레옹 1세 대관식〉, 〈알프스를 넘는 나폴레옹〉의 각도를 다르게 설정했을까?', '피카소가 끊임없이 파격적인 기법을 탐구하고 창조한 이유가 사진의 등장으로 화가의 밥줄이 끊어질지 모른다는 염려 때문이었다고?', '기성 작품 판매 전략에서 '비평을 통한 브랜드화'가 필수 요소일 수밖에 없는 까닭은?' 등이다. 장담하건대, 이 책을 읽는 독자는 미술사에 관한 '지적 호기심'과 '통찰력'이라는 두 마리 토끼를 모두 잡게 될 것이다.

아드리안 데 렐리, 〈펠릭스 메리티스 협회의 조각 갤러리〉
1806~1809, 캔버스에 유채, 100×133cm, 암스테르담 국립미술관
18세기 후반 암스테르담에 설립된 펠릭스 메리티스 협회는 음악, 미술, 과학, 상업,
문학 등 다양한 분야에 종사하는 시민들을 위해 마련된 공간으로, 오늘날에도
유럽의 예술, 문화, 과학 센터로 이용되고 있다.

차례

서문

인간의 욕망과 뒤얽힌 명화는 어떻게 부를 창조하고 역사를 발전시켰나? 006

1

빵집 광고로 활용된 페르메이르의 〈우유를 따르는 여인〉

· 마르틴 루터의 종교개혁은 왜 16세기 유럽 예술가들의 밥줄을 끊어놓았나 021

· '우상 숭배'라는 죄목으로 교회미술을 강하게 탄압한 네덜란드에서
  근대 시민 회화가 화려하게 꽃피다 024

· 네덜란드 미술이 종교개혁으로 인한 '미술 파괴'라는 위기를
  기회로 바꾼 두 가지 비결 028

· 미술이 교회와 왕실의 지배체제 유지를 위한 선전 도구로 활용되던 시대 030

· 17세기 네덜란드를 세계 최강 미술 대국으로 만든 새로운 비즈니스 모델,
  '기성품 전시 판매' 전략 034

· 레오나르도 다빈치와 미켈란젤로는 왜 정물화와 풍경화를
  한 점도 그리지 않았을까? 037

· 가정을 돌보는 평범한 여인이 페르메이르 그림의
　당당한 주인공이 될 수 있었던 이유　**043**
· 〈우유를 따르는 여인〉이 페르메이르 집안의 3년 치 빵값이었다고?　**048**
· 〈진주 귀걸이를 한 소녀〉의 실제 모델이
　페르메이르의 연인이었다는 주장은 사실일까?　**051**
· 독특한 개성과 참신한 소재로 '작품 차별화'에 성공하지 못하면
　살아남을 수 없었던 17세기 네덜란드 화가들　**054**
· 피카소가 끊임없이 파격적인 기법을 탐구하고 창조한 이유는
　사진의 등장으로 화가의 밥줄이 끊어질지 모른다는 염려 때문이었다는데?!　**057**

2

천재 중의 천재 다빈치가 경제적으로 궁핍할 수밖에 없었던 이유

· 다빈치의 〈최후의 만찬〉이 〈모나리자〉와 달리 유네스코 지정
　세계문화유산으로 등록된 이유　**061**
· 예술가 후원자의 다섯 가지 유형　**068**
· 인류 예술사 최고의 천재 다빈치가 요즘 취업 준비생처럼
　자기소개서를 썼다고?　**071**
· 〈최후의 만찬〉 제작이 늦어진다는 이유로 불만을 제기한 수도원장을
　유다의 모델로 그리려 했던 다빈치　**075**
· 미켈란젤로의 대작 〈천지창조〉 천장화를 다빈치가 그리면 4,000년이 걸린다?　**078**
· 불후의 명작으로 남은 〈최후의 만찬〉이 당대에는
　실패한 회화로 간주될 수밖에 없었던 이유　**083**
· 다빈치는 왜 자신의 만년 방랑길의 소중한 길동무 〈모나리자〉를
　캔버스가 아닌 목판에 그렸을까?　**086**
· 미모의 제자 살라이와 다빈치 유언장의 풀리지 않는 수수께끼　**089**
· 다빈치의 3년 치 연봉에 달하는 거액을 받고 프랑스 왕실에 팔린 〈모나리자〉　**091**
· 움직일 수 없는 그림을 움직이게 할 수 있어야 돈도 움직인다?　**092**

3

렘브란트는 왜 자기 그림을 모사하는 '가짜 그림'을 양산했나

· 17세기 네덜란드에서는 왜 다른 나라에는 없는 '집단 초상화'가
  경쟁적으로 그려졌을까? **097**

· 16~17세기 네덜란드에 빵집, 푸줏간보다 화가 수가 훨씬 많았다는데? **102**

· 렘브란트가 거액의 돈을 투자한 아윌렌부르흐 공방이 모작과 위조로
  돈을 버는 '가짜 그림 생산 공장'이었다? **105**

· 자신의 공방에서 자신의 모작품을 양산한 렘브란트 **107**

· 신인 화가였던 렘브란트가 외과의사 조합의 집단 초상화 의뢰를 받은 데에
  아윌렌부르흐의 정치적 영향력이 한몫했다는 의혹은 사실일까? **109**

· 렘브란트의 최고 성공작으로 손꼽히는 〈야경〉은 어떻게 탄생했나 **112**

· 골프 회원권보다 저렴했던 '더치페이' 그림값 **115**

· '경제적 성공'이 가장 큰 미덕으로 여겨졌던 17세기 네덜란드에서
  경제적으로 파산한 렘브란트 **118**

· 만년에 불운이 끊이지 않았던 대화가의 일생 **121**

· 렘브란트는 왜 '렘브란트풍' 그림을 양산했을까? **125**

· 오늘날 선풍적 인기를 끄는 휴대전화 자화상 사진 '셀피'의 원류를
  17세기 네덜란드 자화상, 특히 렘브란트 자화상에서 찾는 이유 **127**

4

메디치 가문 지하 금융의 도움이 없었다면 르네상스도 없었다?

· 메디치 은행을 유럽 최고 은행으로 키운 뛰어난 경영자
  코시모 데 메디치가 교회와 예술 후원에 그토록 열성적이었던 숨은 이유 **133**

· 기독교는 왜 그토록 강력하게 이자를 금지했나 **136**

· 예술 후원에만 몰두하며 가문의 재산을 축내고
  메디치 은행을 경영 위기 상황으로 내몰았던 '위대한 로렌초' **139**

- '이자를 이자로 보이지 않게 하는 공작', 환전으로 막대한 부를 얻은 메디치 가문 144
- '복식부기'가 다른 때 다른 나라 아닌 13세기 이탈리아에서 개발된 이유 146
- 지하 금융의 바람막이가 되어주었던 메디치 가문의 기상천외한 외환 트릭 148
- 메디치가의 금융업은 왜 로마 교황청과 교회 지도자들의
  눈 밖에 나기 시작했을까? 152
- 로마 교황청을 구워삶아 '교황청의 금고지기'가 된 메디치 가문 155
- '위대한 로렌초'를 야박하게 평가한 마키아벨리가
  로렌초의 조부 코시모의 정치적 수완과 경영자로서의 재능을 칭찬한 이유 157
- 당대에 그림물감 값보다도 저렴했던 보티첼리의 그림값 160

5

'신의 길드'와 '왕의 아카데미'가 날카롭게 대립하던 시대

- 17세기 프랑스 왕실 미술에 학문적 권위를 부여함으로써
  촉매제 역할을 한 프랑스 아카데미 163
- 루이 14세는 왜 프랑스 아카데미를 향한 전폭적인 지원을 아끼지 않았을까? 166
- 교황의 신성함을 드러내는 도구로 사용되던 미술품이
  왕권의 권위를 홍보하는 수단으로 활용되다 170
- '일하는 사람'인 노동자가 아닌 '일을 시키는 사람'인
  스승의 불이익을 방지하기 위한 조합, 길드 173
- 미켈란젤로가 어렵게 교황의 허가를 얻어 석공 길드를 탈퇴한 까닭 175
- 원조 길드는 왜 왕립 아카데미에서 맞아들인
  길드 탈퇴 화공과의 밥그릇 싸움에서 밀려났나 178
- '신의 길드'와 '왕의 아카데미'가 날카롭게 대립하던 시대 179
- 레오나르도 다빈치의 해부도가 책으로 만들어져 대중에 공개되었다면
  '해부학의 아버지'로 자리매김했을 것이라는데? 182
- 길드 측 지도자에게 강의를 의무화하는 꼼수로
  길드를 괴롭히고 길들이려 한 왕립 아카데미 187

6

미술의 '프레젠테이션 기능'을 영리하게 활용한 인물, 나폴레옹

· 히틀러를 거쳐 현대 광고 기법으로 이어진 나폴레옹의 이미지 전략 191
· 나폴레옹을 숭배하던 베토벤이 그의 황제 즉위 소식을 듣고
  악보에 적어 놓은 헌사를 찢어버린 이유 194
· 나폴레옹은 왜 자신에게 황제의 관을 씌워주려는
  교황의 손에서 왕관을 낚아채듯 받아 직접 머리에 얹었을까? 196
· '상징 이미지 조작'의 끝판왕, 〈알프스를 넘는 나폴레옹〉 202
· 성스러운 정면 얼굴, 기념비적인 옆얼굴, 자연인으로서의 비스듬한 얼굴 203
· 다비드는 왜 황제 나폴레옹을 그린 두 작품 〈나폴레옹 1세 대관식〉과
  〈알프스를 넘는 나폴레옹〉의 각도를 다르게 설정했을까? 210
· 국민 행복을 위해 분투하는 나폴레옹의 이미지를 효과적으로
  홍보하는 데 성공한 다비드의 그림 〈튀일리 궁 서재의 나폴레옹〉 215
· 나폴레옹의 야만적인 유물 약탈에 의해 세계적인 미술관으로 자리 잡은
  루브르 미술관 219
· 미술을 총동원한 나폴레옹의 효과적인 이미지 전략을
  무용지물로 만든 '포도주세 부활 정책' 222

7

폴 뒤랑뤼엘은 어떻게 '잡동사니' 취급받던 인상주의 회화에
가치를 불어넣었나

· 폴 뒤랑뤼엘이 인상주의 회화의 가치를 높이기 위해 사용한
  두 가지 비밀 무기, '카브리올 레그'와 '금테 액자' 227
· 폴 뒤랑뤼엘은 왜 루이 15세 시대 궁정 양식을
  인상주의 회화의 가치를 높이기 위한 도구로 채택했을까? 233
· 폴 뒤랑뤼엘이 '작은 미술관'처럼 꾸민 자기 집을 대중에 공개한 숨은 이유 237

· 인상주의 화가들은 왜 폴 뒤랑뤼엘의 마케팅 전략을
  노골적으로 비난하며 반대했을까? **240**
· 고객의 불안감을 잠재우는 최고의 진정세, '금테 액자' **244**
· 귀족 취미와 거리가 먼 사람들에게 '귀족 기분'을 느끼게 함으로써
  판촉 효과를 극대화하는 마법 같은 마케팅 전략 **247**
· '전 세계의 돈줄' 미국인 부호의 '귀족 콤플렉스'를 절묘하게 공략하여
  인상주의 회화를 최고가 상품으로 둔갑시킨 폴 뒤랑뤼엘 **248**
· 파리 미술품 가격을 치솟게 만든 미국인 수집상의 사재기 열풍 **251**
· 인상주의 거품 시대의 막을 열어젖힌 '미국 가격' **255**

8

'비평을 통한 브랜드화'가 예술의 가치를 좌우하던 시대

· 비평가의 펜대가 움직이는 대로 판매가가 널뛰던 19세기 프랑스 미술 시장 **261**
· '인플루언서 마케팅'의 지평을 새롭게 연 인물, 델핀 드 지라르댕 **264**
· 미술상 폴 뒤랑뤼엘이 직접 잡지를 발간한 이유 **269**
· "이제 비평은 비평가를 먹여 살릴 뿐이다" **271**
· 소설 『작품』을 통해 '비평가의 밥벌이 처세술'을 신랄하게 파헤친 작가,
  에밀 졸라 **274**
· 폴 뒤랑뤼엘은 왜 내로라하는 문화예술계 인사에게
  아낌없이 비용을 쏟아부었나 **277**
· '대중의 상품 지식 부족'이 19세기 유럽에서
  비평가의 가치와 영향력을 극대화시킨 가장 큰 이유였다? **279**
· 기성 작품 판매 전략에서 '비평을 통한 브랜드화'가
  필수 요소일 수밖에 없는 까닭 **282**
· 폴 뒤랑뤼엘은 '인상주의의 발견자'인가, '인상주의의 발명자'
  혹은 '날조자'인가? **284**

후기 인간의 욕망은 미술사와 세계사를 움직이는 원동력이다 **288**

art
&
business

1

빵집 광고로 활용된
페르메이르의
〈우유를 따르는 여인〉

마르틴 루터의 종교개혁은 왜
16세기 유럽 예술가의 밥줄을 끊어놓았나

16세기 종교개혁으로 유럽 미술사는 그 이전에는 경험하지 못한 심각한 위기를 맞이했다. 이유가 뭘까? 프로테스탄트는 성경의 가르침에 따라 우상숭배를 엄격히 금지하고 교회를 장식하는 회화와 조각 등을 무차별적으로 파괴했다. 그런 살벌한 분위기가 이어지자 예술가들이 몸을 사리며 새로운 작품 제작에 앞서 극도로 신중을 기하는 분위기가 형성되었다. 미술계의 큰손이자 든든한 후원자였던 교회에서 들어오는 주문이 딱 끊기자 예술가들은 글자 그대로 '밥줄이 끊기는' 절체절명의 위기에 맞닥뜨렸다.

그러나 위기라는 씨앗 안에 새로운 기회의 싹이 숨어 있다고 하지 않던가! 놀랍게도 17세기 네덜란드에서 회화 열풍이 거세게 일어났다. 한 세기 동안 이 나라에서만 무려 600만 점에 달하는 엄청난 양의 회화가 그려졌으니 과연 '열풍'이라 할 만했다.

어떻게 그런 기적 같은 일이 가능했을까? 미술계가 위기를 기회로 바꾸고 새로운 가능성을 현실화하는 데 성공한 덕분이었다. 그로 인해 17세기 네덜란드에서 미증유의 회화 열풍이 불게 된 것이다.

지금은 회화의 대명사가 된 정물화와 풍경화는 바로 이 시기 네덜란드의 평범한 시민이 주도한 회화 시장에서 독립 장르로 탄생했다. 대표적으로 네덜란드 화가 요하네스 페르메이르(Johannes Vermeer, 1632~1675)가 그린 〈우유를 따르는 여인(The Milkmaid)〉(c. 1660)과 〈진주 귀걸이를 한 소녀(Girl with a Pearl Earring)〉(1665)는 이러한 새로운 미술 마케팅의 생생한 목격자이자 시금석이었다고 할 수 있다.

그 시작은 1517년으로 거슬러 올라간다. 독일 수도사 마르틴 루터(Martin Luther, 1483~1546)가 작센의 소도시 비텐베르크의 교회 문에 95개 조에 달하는 반박문을 정리한 벽보를 붙여 로마 교황청의 부패한 실태를 고발한 역사적 사건이 바로 그때 있었다. 이 사건은 훗날 '종교개혁'이라는 이름으로 불린 일련의 움직임에 불을 붙이는 부싯돌 역할을 했다.

종교개혁 운동으로 유럽의 기독교는 신교인 프로테스탄트와 구교인 가톨릭으로 양분되었고 유럽 전역에서 피어오른 종교개혁의 불길이 갈수록 뜨거워졌다. 이 과정에서 프로테스탄트는 종교미술을 성경이 엄격히 금지하는 우상숭배 행위로 규정하고 교회를 장식한 회화와 조각을 무차별적으로 파괴하기 시작했다.

이때 프로테스탄트가 근거로 삼은 것은 무엇이었을까? 『구약성경』에 나오는 모세의 「십계명」이 바로 그것이다. 「십계명」은 『신약성경』의 「산상수훈」과 함께 기독교의 기본 가르침을 설파하는 내용을 담고 있는데 "살인하지 말라", "간음하지 말라", "도둑질하지 말라" 등의 율법이 널리 알려져 있다. 그런데 "너는 나이외에 다른 신들을 네게 두지 말라"라는 두 번째 계명이 우상숭배를 금하는 내용이라는 사실은 상대적으로 잘 알려지지 않았다. 이 두 번째 계명은 다음과 같이 이어진다.

> 너를 위하여 새긴 우상을 만들지 말고, 또 위로 하늘에 있는 것이나 아래로 땅에 있는 것이나 땅 아래 물속에 있는 것의 어떤 형상도 만들지 말며, 그것들에 절하지 말며, 그것들을 섬기지 말라.(「출애굽기」 20장 4~5절)

우상 제작과 숭배를 금지하는 이 계명은 살인이나 간음, 도둑질을 금지하는 계명보다 앞에 나와 훨씬 중요한 의미를 지니는 내용으로 해석할 수 있다. 애초에 마르틴 루터가 95개 반박문을 교회 문에 붙이며 로마 교황청을 고발한 진짜 이유도 사실 이 문제에서 기인했다고 할 수 있다. 즉, 루터는 당시 화려한 그림과 호화로운 조각으로 장식해 우상의 소굴이 돼버린 로마 교황청이 가톨릭교회의 개보수 자금을 마련하는 방편으로 신도의 죄를 사해주는 면죄부를 판매하는 참담한 상황에 정면으로 이의를 제기한 것이었다. 이렇듯 "성경의 정신으로 돌아가자"라는 모토를 내건 당대 프로테스탄트는 교회를 장식한 제단화와 조각상을 성경 계명에 어긋나는 죄악의 상징으로 여겼다. 종교개혁 운동과 함께 독일에서 불씨가 지펴지기 시작한 교회미술 파괴 운동은 거대한 불길이 되어 유럽 전역으로 퍼져나갔다.

'우상 숭배'라는 죄목으로 교회미술을 강하게 탄압한
네덜란드에서 근대 시민 회화가 화려하게 꽃피다

종교개혁의 불씨를 지핀 마르틴 루터는 미술에 대해 어떤 관점을 견지했을까? 뜻밖에도 그는 미술에 관대한 편이었다. 실제로 그는 회화와 조각이 오히려 기독교 교리를 전파하는 데 도움 되는 부분이 있다고 인정했다. 그러나 루터의 뒤를 이은 프로테스탄트 지도자 중에는 교회에서 온갖 미술품을 단호히 거부하고 몰아내야 한다고 주장하는 이가 많았다. 그중에서도 구교도를 망설임 없이 화형대에 세우는 등 냉혹하리만치 엄격한 신권정치가로 알려진 장 칼뱅(Jean Calvin, 1509~1564)은 교회미술을 철저히 배격하고 파괴해야 한다고 부르짖었다.

1566년에 파괴된 위트레흐트 세인트 마틴 대성당의 성상 부조.

프랑스에서 태어난 장 칼뱅은 루터 사상의 열렬한 신봉자였다. 그는 개혁파에 대한 탄압이 갈수록 거세지는 고국 프랑스를 떠나 스위스로 망명했다. 이후 그는 그곳에서 열정적으로 활동하며 프로테스탄트를 대표하는 논객으로 자리매김했다. 칼뱅은 "나무와 돌 등을 깎아 만든 상을 하나님이나 성인으로 보이게 만드는 우상이 인간의 감각을 현혹하고 마비시켜 주님의 말씀에 귀 기울이지 못하게 한다"라며 강력히 규탄했다.

또 칼뱅은 불순한 제단화와 조각상을 완벽하게 처분한 '순수한' 교회만이 하나님의 말씀을 듣기에 적합한 장소라고 주장했다. 그리고 그의 주장에 따라 프로테스탄트 교회는 철저한 '교회 정화' 운동에 착수했으며 제단화와 조각상을 찾아내 집요하게 파괴했다. 흥미로운 점은 당시 대대적 예술 파괴 움직임을 재빨리 받아들여 예술품을 지키려 애쓰기보다 적극적으로 파괴하는 일에 열을 올리는 화가도 있었다는 것이다. 심지어 르네상스 시대의 걸작으로 알려진 제단화를 검은색 물감으로 덧칠하고 그림 위에 금박으로 「십계명」을 써넣는 화가까지 등장했다.

한데 아이러니하게도 「십계명」을 가장 엄격히 지킨 대표적 프로테스탄트 국가 네덜란드에서 렘브란트와 페르메이르라는 시대를 대표하는 거장을 시작으로 오늘날까지 최고 인기를 구가하는 인상주의 화가 고흐, 추상회화의 시조이자 최고봉으로 꼽히는 몬드리안 등 전 세계적 명성을 떨친 예술가들이 줄줄이 등장했다. 실로 놀라운 일이 아닐 수 없다. '위기가 기회가 될 수 있다'라는 가르침을 이보다 더 명징하게 보여주는 역사적 사례도 드물지 않을까.

네덜란드 미술이 종교개혁으로 인한
'미술 파괴'라는 위기를 기회로 바꾼 두 가지 비결

프로테스탄트의 교회미술 파괴 움직임은 스위스, 독일, 프랑스, 영국에서 시작해 동유럽으로 들불처럼 번져나갔다. 특히 신성로마제국 황제 지위를 계승한 합스부르크제국의 중심부로 오늘날의 벨기에, 네덜란드, 룩셈부르크를 아우르던 대국 네덜란드에서는 더욱 철저하고도 집요하게 파괴가 자행되었다. 당시 한화가가 광기로 치달은 파괴 활동 상황을 기록으로 남겼다. 그는 폭도로 변한 프로테스탄트를 "야만스럽고 어리석으며 광기에 사로잡힌 무리"로 묘사했다. 광기에 사로잡힌 민중이 교회미술품을 파괴하는 모습을 지켜본 화가는 자신이 열정을 쏟아부어 창작한 예술품이 파괴당하는 상황에 분노를 넘어 공포감에 휩싸였다.

칼뱅파 프로테스탄트는 네덜란드 17개 주 중 북부 7개 주에서 우위를 점하고 대대적으로 교회 정화에 몰두했다. 그러자 가톨릭을 신봉하는 합스부르크가의 스페인이 이들을 혹독하게 탄압하는 정책으로 압박해왔다. 결국 칼뱅파 본거지인 북부의 7개 주를 중심으로 하는 종교개혁 움직임은 스페인의 지배에서 벗어나고자 하는 독립전쟁으로 발전했다. 1568년부터 80여 년 동안 이어진 네덜란드 독립전쟁은 1648년에 체결된 베스트팔렌 조약에 따라 네덜란드 공화국의 독립으로 끝을 맺었다. 이때 건국한 네덜란드 공화국이 오늘날의 네덜란드다. 성경에 기록된 우상숭배 금지를 가장 완벽히 수행한 나라가 바로 네덜란드였다.

네덜란드 미술계는 어떻게 종교개혁과 맞물려 자행된 미술 파괴라는 위기를 엄청난 기회로 바꾸었을까? 여기에는 두 가지 비결이 있었다. 첫째, 교회 등 후원자의 주문에 전적으로 의존하는 대신 새로운 시장을 적극적으로 개척했다. 실제로 네덜란드 미술계는 일반 시민이 자신의 주머니에서 기꺼이 지갑을 꺼내어 그림을 사도록 만듦으로써 미술 시장을 활성화하는 데 성공했다. 둘째, 네덜란드 화가들은 성경과 신화 이야기 같은 낡은 소재에서 벗어나 화가 스스로 정한 새로운 소재로 그림을 그리기 시작했다. 다시 말해 17세기 네덜란드 미술이 절체절명의 위기를 위대한 기회로 바꿀 수 있었던 데에는 새로운 시장 개척과 상품 개발이라는 두 가지 필살기가 중심 역할을 했다. 새로운 시장을 형성하는 새로운 고객의 수요에 발맞춘 비즈니스 전략으로 네덜란드 미술은 사상 최악의 위기 상황을 멋지게 극복했을 뿐 아니라 전례 없는 회화 열풍을 일으킨 셈이었다.

미술이 교회와 왕실의 지배체제 유지를 위한
선전 도구로 활용되던 시대

종교개혁이 일어나기 전, 교회는 미술 시장을 좌지우지하는 대표적 큰손이었다. 당시 교회는 종교미술의 프레젠테이션 기능을 무엇보다 중시했다. 사정이 그렇다 보니 당대 화가들은 교회의 입맛에 맞게 프레젠테이션 역할을 담당할 종교화를 제작하는 일에 대부분의 시간을 쏟아부었다. 교회를 장식하는 회화와 조각, 스테인드글라스 등이 대표적인데, 이런 미술품은 신의 권위와 영광을 나타내고 교회의 권력을 드러내기 위한 홍보ㆍ전시 도구로 활용되었다.

교회와 더불어 예술가를 든든하게 후원한 왕실 역시 교회와 마찬가지 생각을 가지고 있었다. 즉 왕의 권위와 위엄을 자랑하고 권력을 드러내기 위한 정치 선전 도구로써 예술을 활용해 궁전을 장식했다.

중세 이래로 유럽에는 '기도하는 사람'ㆍ'싸우는 사람'ㆍ'일하는 사람'이라는 신분 개념이 존재했다. 이는 동아시아의 사농공상(士農工商)과 비슷한 개념이다. 기도하는 사람은 '성직자'로 신의 왕국을 지상에서 대리하는 사람이다. 그는 노동자가 생산하는 식량과 물자에 의존했다. 싸우는 사람은 '귀족'으로 지상 왕국의 수호자다. 그들은 기도하는 사람과 마찬가지로 노동자의 노동에 의

존하고 그들을 착취하는 구조에 기대어 살았다.

교회와 왕실이 지배체제를 오래 유지하려면 어떻게 해야 할까? 교회는 '기도하는' 힘으로 신도의 평안을 보증하고 왕실은 '싸우는' 힘으로 백성의 안전을 보증한다는 사실을 적극적으로 내보이며 교육할 필요가 있었다. 그런데 당시 문맹률이 높아 대다수 민중이 글을 읽지 못한다는 게 문제였다. 그런 상황에서 그림과 조각 같은 시각 이미지는 프레젠테이션에 가장 적합한 도구였다. 영상 이미지는 물론이고 컬러 인쇄 기술도 없던 시대에 이러한 시각적 표현이 던져주는 충격이란 지금의 우리는 상상조차 할 수 없는 수준이었을 것이다.

당시 미술품은 대부분 주문 제작 방식으로 생산되었다. 작품의 완성도는 주문자가 바라는 프레젠테이션 기능을 얼마나 충실히 수행하는지에 따라 판단되었다. 좀 더 구체적으로 작품 주제, 제작 기법, 재질은 물론 예산과 납기부터 납품 후 작품이 파손되었을 때의 보증 의무까지 사전에 서로 꼼꼼히 합의해서 결정했다. 이러한 협정을 위반한 작품은 납품이 거절되었으며 선금을 돌려주고 처음부터 다시 만들어야 하는 경우도 드물지 않았다. 실제로 이탈리아 르네상스 시대의 거장 미켈란젤로(Michelangelo Buonarroti, 1475~1564)의 작품에 만족하지 못한 로마 교황이 그를 책망하며 다시 작품을 만들어오라고 호통쳤다는 기록도 남아 있다. 미켈란젤로는 근대 이전에 활동한 예술가로는 매우 예외적으

미켈란젤로 부오나로티, 〈최후의 심판〉

1536~1541, 프레스코, 1,370×1,200cm, 시스티나 예배당, 바티칸 궁전

로 자기주장이 강한 편이었다. 실제로 대담한 표현과 일방적인 납기 연기로 미켈란젤로와 로마 교황청 사이에는 갈등이 끊이지 않았다고 한다. 그러다가도 마지막에는 로마 교황청이 요구한 프레젠테이션 기능을 기대 이상으로 멋지게 충족시키는 작품을 완성하여 찍소리도 하지 못하게 만들곤 했다.

그런 사례의 가장 대표적인 작품이 바로 미켈란젤로가 만년에 그린 〈최후의 심판(The Last Judgement)〉(1541)이다. 가톨릭교의 총본산인 로마 교황청은 종교개혁이 시작된 당시 프로테스탄트에 대항하기 위해 예전보다 훨씬 더 미술에 힘을 쏟고 있었다. 그런 맥락에서 반종교개혁 캠페인의 일환이자 비장의 카드로 '신이 내린 위대한 솜씨'로 추앙받던 거장 미켈란젤로를 발탁한 것이었다.

다시 말해 〈최후의 심판〉은 프로테스탄트 미술 파괴에 정면으로 대항하는 회화로 가톨릭의 기대를 한몸에 받으며 제작된 작품이었다. 이 작품은 교황청이 있는 바티칸 궁전 안에서도 가장 권위 있는 공간으로 여겨지는 시스티나 예배당(Cappella Sistina) 정면 제단의 6층 건물 높이에 해당하는 화면에 그려졌다. 미켈란젤로는 세상에 종말이 온 상황에서 부활한 그리스도가 전 인류를 살아생전의 행실에 따라 각각 천국에 들어가는 자와 지옥으로 떨어지는 자로 심판하는 생생한 장면을 박력 넘치는 필치로 그려냈다.

미켈란젤로가 5년이라는 시간을 쏟아부어 〈최후의 심판〉을 완성하자 대중은 크게 열광했다. 그들은 경외감을 가지고 위대한 작품을 맞이했으며 느슨해진 신앙심을 다잡으려 노력했다. 애초로마 교황청이 의도한 미술작품이 지닌 프레젠테이션 기능과 잠재력이 한껏 발휘된 셈이었다. 완성된 제단화 제막식에 초대받은 사람들은 막이 내려가고 고대하던 화면이 눈앞에 드러나자 일제히 공포의 탄성을 올렸다. 심지어 교황 파울루스 3세(Pope Paul III, 재위 1534~1549)까지 엉겁결에 "주여, 용서하소서!"라고 중얼거리듯 기도를 올렸다는 일화가 전해 내려온다.

교회가 기도의 힘으로 사람들을 지옥행의 운명에서 구제한다는 사실을 이 정도로 박력 있게 프레젠테이션하는 작품은 일찍이 없었다.

17세기 네덜란드를 세계 최강 미술 대국으로 만든
새로운 비즈니스 모델, '기성품 전시 판매' 전략

17세기에 이르러 네덜란드는 기존의 지배층인 교회 지도자와 정치 권력가 모두 예전처럼 미술품을 자유롭게 발주할 수 없는 상황이 되었다. 그 이유는 앞에서 언급한 대로, 종교개혁을 통해 프로테스탄트 공화국으로 변모한 네덜란드에서 기득권자가 더는 미술이 지닌 '프레젠테이션 기능'을 활용하여 자신이 원하는 방향으로 대중의 인식을 조종할 수 없게 되었기 때문이다.

네덜란드 공화국 교회는 성경의 가르침에 따라 우상을 철저히 배격했다. 그 연장선에서 네덜란드의 독립전쟁을 지휘하고 훗날 네덜란드 왕실을 구성한 오라녀(Oranje) 공작 가문도 공화제로 바뀐 시대에는 시민의회와 조화를 이루며 공존해야 했다. 작품 주문을 도맡아 하던 교회와 왕실 모두 권위와 권력을 드러내 강조하는 것을 자제해야 할 필요가 있었기에 조용히 자숙하며 미술계와 거리를 두었다.

17세기 말 무렵, 이런 엄혹한 상황에서도 네덜란드는 유럽에서 미술 작품 제작이 가장 활발한 나라로 거듭났다. 당시 네덜란드를 방문한 프랑스와 영국 여행객은 이토록 많은 그림이 그려지고 곳곳에 장식된 나라를 본 적이 없다며 혀를 내둘렀다고 한다. 실제로 상점과 여관, 일반 가정에 이르기까지 벽이란 벽에는 죄다 그림이 걸려 있었는데, 그 수가 셀 수 없이 많았다. 사람들의 시선이 닿는 곳에는 어김없이 그림이 걸려 있다고 해도 지나친 말이 아니었다.

교회와 왕실이라는 대형 발주처를 잃은 네덜란드 회화시장은 기존의 비즈니스 모델을 포기해야 했다. 이전에는 어딘가에서 주문이 들어온 이후에 제작에 들어갔다면, 이제 시장의 변화에 발맞추어 '기성품 전시 판매'라는 새로운 전략으로 대응했다. 한데, 이 궁여지책의 전략이 멋지게 먹혀들어 과거의 규모와는 비교도 안

될 만큼 거대한 시장을 새롭게 개척하는 데 성공한 것이다.

화가가 주문받지도 않은 작품을 불특정 다수의 고객을 염두에 두고 제작하기 시작한 것은 그 무렵부터다. 그 결과 국토 면적이 남한의 약 40퍼센트, 한반도의 20퍼센트도 채 안 되는 작은 나라 네덜란드에서 당시에 그려진 작품 수는 총 600만~650만 점에 달할 정도로 엄청난 양이었다.

오늘날 가장 일반적인 유형으로 자리 잡은 '기성 작품 전시 판매'라는 미술 비즈니스 모델은 작지만 강한 나라 네덜란드에서 탄생했다. 새로운 시장은 새로운 고객의 요구를 충족시키는 새로운 상품 없이는 성립할 수 없다. 그러므로 시민이라는 새로운 고객층이 기꺼이 지갑을 열게 하려면 그때까지 교회와 왕실의 프레젠테이션 도구로 활용되던 미술품이 시민의 일상생활 공간을 장식하기에 적합한 새로운 콘셉트의 상품으로 변신해야 했다.

과거에도 미술 공방이 부업 삼아 미리 제작해놓은 작품을 판매한 적이 있었다. 그러나 여전히 소재는 그리스도와 성모 마리아처럼 안정적인 수요를 보장받을 수 있는 작품으로 한정돼 있었다. 그런데 이러한 성상은 전 유럽을 휩쓴 종교개혁으로 판로가 막혀버렸다. 그런 터라 작품을 판매하는 측에서는 새롭게 등장한 시민 고객의 안정적인 수요를 예측할 수 있으면서 동시에 종교성을 배제한 작품을 절박한 심정으로 개발해야 하는 과제에 맞닥뜨린 셈이었다.

이렇게 하여 '정물화'와 '풍경화'가 독립 장르로서 새롭게 탄생했다. 과거에는 조연에 지나지 않았던 일상 소재가 당당히 미술의 주인공 자리를 꿰차는 완전히 새로운 패러다임이 만들어졌다.

레오나르도 다빈치와 미켈란젤로는 왜
정물화와 풍경화를 한 점도 그리지 않았을까?

앞에서 언급한 대로, 오늘날 '명화'라고 하면 누구나 쉽게 떠올릴 수 있는 정물화와 풍경화는 17세기 네덜란드에서 형성되고 확립된 장르다. 실제로 그 이전 유럽 미술 작품을 샅샅이 살펴보아도 이런 유형의 회화는 찾아볼 수 없다. 그도 그럴 것이 과거에는 정물과 풍경을 회화 소재로 보지 않았기 때문이다. 그 당시로부터 불과 한 세기 전 활약했던 르네상스 거장 보티첼리와 레오나르도 다빈치, 미켈란젤로가 그린 정물화와 풍경화가 전혀 존재하지 않는 것도 그런 맥락에서였다.

네덜란드에서 미술혁명이 일어나기 전, 식기와 꽃 등의 정물은 성경과 신화의 거룩하고 웅장한 장면을 위한 소도구 같은 존재로만 기능했다. 풍경 또한 마찬가지다. 풍경은 필요한 경우 성경과 신화의 장면을 빛나게 해주는 배경일 뿐이었다. 가브리엘 대천사가 성모 마리아를 방문하는 '수태고지' 장면을 예로 들어보자. 화

시모네 마르티니, 〈수태고지〉

1333, 패널에 템페라, 184x168cm, 우피치 미술관, 피렌체

중세 말을 대표하는 〈수태고지〉 제단화. 화면 중앙에 성모의 순결을 상징하는 백합을
그려 넣었다.

한스 볼론히르, 〈꽃 정물〉
1639, 패널에 유채, 67.6×53.3cm, 암스테르담 국립미술관
꽃 정물화로 인기를 얻은 화가의 대표작이다.

가들은 '수태고지' 장면에 반드시 '백합꽃'을 그려 넣었는데, 이는 백합꽃이 마리아의 순결을 상징하는 도구로 여겨졌기 때문이다. 르네상스 시대에 백합꽃을 단독으로 그린 정물화는 존재하지 않았다.

17세기 네덜란드에서 탄생한 정물화와 풍경화는 이전에 조연에 지나지 않던 그림 소재를 전체 화면의 주인공으로 전격 발탁한 새로운 개념의 회화 양식이었다. 그림을 향유하고 소비하는 고객층도 마찬가지였다. 근대 사회의 출현과 함께 미술 시장의 주요 고객으로 자리매김한 시민도 과거에는 조연 역할밖에 하지 못했던 사람들이다. 그런 맥락에서 볼 때 근대 시민사회의 새 주인공이 된 시민을 주요 고객으로 삼는 미술 시장에서 정물과 풍경을 그린 회화가 효자 상품으로 대접받기 시작한 것은 어쩌면 당연한 결과였다.

오늘날 '명화'로 인정받는 많은 서양 풍경화에는 풍차가 약방의 감초처럼 등장한다. 이유가 뭘까? 간단하다. 애초에 풍경화가 풍차를 흔히 볼 수 있는 네덜란드에서 확립되었기 때문이다. 그로부터 2세기쯤 후 화가의 길을 가고자 네덜란드에서 파리로 진출한 빈센트 반 고흐(Vincent van Gogh, 1853~1890)도 파리 몽마르트르 언덕의 풍차를 그렸다. 그는 왜 몽마르트르의 '풍차'를 그렸을까? 고향을 그리워하는 마음이 이유였을 수도 있다. 그러나 그보다는 이미 풍경화라고 하면 풍차가 빼놓을 수 없는 소재로 자리매김해

빈센트 반 고흐, 〈물랭 드 라 갈레트〉

1886, 캔버스에 유채, 38.4×46cm, 크뢸러 밀러 미술관, 오테를로

네덜란드에서 파리로 막 이주해온 고흐는 몽마르트르 언덕에 방을 구해 지내며 집 주변
몽마르트르 언덕 풍경을 소재로 많은 그림을 그렸다.

야코프 반 라위스달, 〈베이크베이뒤르스테더의 풍차〉

c. 1668~c. 1670, 캔버스에 유채, 83×101cm, 암스테르담 국립미술관.

미술사상 최초의 풍경 전문화가로 손꼽히는 17세기 네덜란드 화가 라위스달의 대표작이다.

있었기 때문이지 않을까. 참고로 몽마르트르 언덕의 풍차는 밀가루를 빻는 방앗간 역할을 한 데 반해 네덜란드 풍차는 (육지가 바다보다 낮은 네덜란드의 특수성을 반영해) 저지대의 물을 퍼 올려 농지로 보내기 위해 14세기에 고안한 수리 장치였다. 아무튼, 교회와 왕실을 장식하던 회화가 일반 시민의 생활공간을 장식하기 시작하자 화면에 훨씬 생동감 넘치는 일상을 담은 소재가 등장하게 된 것은 자연스러운 현상이었다.

신의 세계도 왕의 세계도 아닌 시민의 일상을 그려 새로운 시장을 연 풍경화와 정물화, 풍속화는 사람들의 눈을 그들 자신이 발붙이고 사는 생생한 현실세계로 향하게 했다. 그리고 그 구체적이고도 생동적인 현실에 전통적인 교회와 왕실 미술이 표방하던 아름다움을 뛰어넘는 새로운 아름다움이 깃들어 있음을 멋지게 보여주었다. 이는 생활감이 풍부한 화면을 매개로 사람들에게 아름다움이란 그들 자신이 날마다 맞닥뜨리는 현실에 있음을 설득력 있게 전달하는 완전히 새로운 콘셉트의 미술이었다.

가정을 돌보는 평범한 여인이 페르메이르 그림의
당당한 주인공이 될 수 있었던 이유

오늘날 명작으로 인정받는 작품 중 특히 생활감을 강조한 작품

요하네스 페르메이르, 〈우유를 따르는 여인〉

c. 1660, 캔버스에 유채, 45.5×42cm, 암스테르담 국립미술관

17세기 네덜란드를 대표하는 화가 페르메이르가 43년의 생애 동안 남긴 그림으로
알려진 것은 모두 35점뿐이다. 그는 고향 델프트의 풍경과 당시 사람들의 일상생활을
주로 그렸다.

이 있다. 페르메이르 대표작 〈우유를 따르는 여인〉이 그것이다. 생동감 가득한 사실주의 기법으로 그려진 그림 속 하녀는 밝은 빛이 가득한 간소한 실내에서 압도적인 존재감으로 그림을 감상하는 이에게 성큼성큼 다가온다.

당시 유럽 회화에서 허드렛일을 하는 인물을 화면의 주인공으로 내세우는 경우는 거의 없었다. 이런 과감한 시도를 맨 처음 한 나라가 네덜란드였다. 특히 페르메이르의 고향 델프트는 네덜란드 최초로 하녀를 화폭에 담은 도시로 미술사에 영원히 남게 되었다.

17세기 네덜란드에서 가정을 돌보는 하녀의 사회적 지위는 다른 나라에 비해 높은 편이었다. 당시 네덜란드인은 가정을 국가의 기초로 여기는 관념이 뚜렷했기 때문이다. 실제로 네덜란드를 찾아온 어느 여행자는 자기 나라에서는 주인마님의 무조건적인 지시에 따라 집안일을 처리할 뿐인 하녀가 네덜란드에서는 당당한 전문 직업여성으로 대우받으며 가정 내에서 상당한 권력을 행사하는 모습에 크게 놀랐다고 한다. 이런 경향은 네덜란드의 도시 중에서도 델프트에서 특히 강했다. 왜 그랬을까? 델프트는 맥주 양조로 번영한 지역으로 양조 공정에 필수적인 청결한 환경을 유지하기 위해 지역 공동체가 함께 온 힘을 쏟았으며, 하인은 지역을 청결하게 유지하는 데 꼭 필요한 직업인으로 존중받았기 때문이다. 페르메이르 같은 델프트의 화가가 유럽 최초로 하녀를

〈우유를 따르는 여인〉 부분
탁자 위에 빵이 담긴 바구니, 맥주를 담은 머그잔 등이 있다. 우유를 입구가 넓은 그릇에
따르는 것으로 보아 빵 푸딩을 만들기 위해 우유를 따르고 있음을 알 수 있다.

화면의 주인공으로 내세운 것은 그가 태어나서 줄곧 생활한 도시의 이러한 사회적 분위기와 무관하지 않을 것이다.

스페인에서 독립한 네덜란드 공화국은 가정을 존중하고 결혼과 육아에 도덕적 의미를 부여했다. 정치 지도자들은 과거에 초등교육을 담당하던 수도원을 해체하고 가정과 사립학교를 아동교육의 공간으로 탈바꿈시켰다. 종교 지도자들은 '성경의 정신으로 돌아가자'라는 구호를 내세우며 모국어로 성경을 출간했다. 네덜란드 정부는 성직자만 읽을 수 있던 기존의 라틴어 성경 대신 일반 시민도 읽을 수 있는 쉬운 성경을 보급하고 공공 비용으로 글을 읽고 쓰는 교육을 시행했다. 이러한 정책이 빛을 발해 네덜란드의 문해율(文解率)은 당시 전 유럽을 통틀어 최고 수준으로 높았다.

17세기 네덜란드는 건전한 가정환경에서 독실한 신앙생활을 하던 나라였다. 네덜란드인에게 건전한 가정환경이란 무엇일까? 좋은 반려자를 얻어 총명한 자녀를 낳아 기르고 경제생활은 남편이, 집안일은 주부가 분담하는 전형적인 구조라고 여겼다. 당시 네덜란드인은 활발한 국제무역으로 매우 풍요로워진 덕분에 바깥일로 집을 비우는 일이 많아진 남편을 아내가 성실히 내조하며 가업을 발전시킴으로써 국가의 지속적 번영도 가능하다고 믿었다. 그런 터라 이 나라에서는 가사 노동에 대한 평가와 여성의 사회적 지위도 다른 나라보다 훨씬 높은 수준을 유지했다.

〈우유를 따르는 여인〉이
페르메이르 집안의 3년 치 빵값이었다고?

프랑스의 어느 그림 애호가가 흥미로운 기록을 남겼다. 17세기에 혁명적인 변화를 주도하던 네덜란드에서 하녀를 주인공으로 내세워 그린 페르메이르의 작품을 본 후의 일이다. 그가 페르메이르의 그림을 본 경위가 재미있다. 당시 페르메이르는 해외의 그림 수집가들이 눈독을 들일 정도로 이미 인기를 얻은 화가였다. 그런 까닭에 프랑스의 애호가도 페르메이르의 그림을 직접 보고 구매하기 위해 먼 길을 마다하지 않고 찾아왔다. 그러나 정작 페르메이르는 보여줄 그림이 한 점도 없다며 고개를 가로저었다.

낙담한 프랑스인에게 누군가가 '힘들게 여기까지 왔으니 정 페르메이르의 작품을 보고 싶으면 그 부근에 있는 어느 빵집을 찾아가보라'고 귀띔해주었다. 혹시나 하는 마음에 털레털레 그 빵집으로 가보니, 놀랍게도 빵집 벽에 페르메이르의 그림 〈우유를 따르는 여인〉이 걸려 있는 게 아닌가! 프랑스 그림 애호가는 하녀를 주인공으로 삼은 그림이 빵집 벽에 떡하니 걸린 모습을 보고 커다란 문화적 충격을 받은 채 귀국했다. 그도 그럴 것이 당시 프랑스에서는 하녀를 주인공으로 그림을 그리는 문화가 없었을 뿐 아니라 빵집 벽에 고귀한 예술작품을 거는 일 따위는 상상도

할 수 없었기에 그가 놀라 자빠지지 않은 게 다행일 정도였다. 그러나 그 작품이 빵집 벽을 장식한 데는 그럴 만한 이유가 있었다. 빵집 벽에 걸려 있던 그림은 당시 페르메이르의 가정형편과 관계가 있었다.

〈우유를 따르는 여인〉은 페르메이르 집안에서 소비하는 3년 치 빵값으로 단골 빵집에 납품되었다고 한다. 빵집 주인은 왜 3년 치 빵값 대신 그림을 받았을까? 그림 속 하녀가 우유를 따르는 동작이 빵 푸딩을 만드는 모습이었기 때문으로, 당대에 이미 명성을 얻은 페르메이르가 그린 그림이 빵집의 빵을 홍보하고 구매욕을 돋우는 데 도움이 된다고 판단했을 것이다. 참고로, 푸딩은 우유에 열을 가해 만드는 요리다. 당시 네덜란드에서 딱딱하게 굳은 빵을 넣어 만든 푸딩은 영국인의 아침 식탁에 매일 오르는 오트밀이나 중국에서 아침으로 즐겨 먹는 쌀죽, 혹은 홍콩의 콘지(Congee) 같은 음식이었다. 집집마다 푸딩 맛을 내는 방식이 달랐는데, 어느 집에서는 맥주를 섞어 발효시켜 만들었다. 페르메이르의 〈우유를 따르는 여인〉에도 식탁 위에 빵이 담긴 바구니와 맥주를 담은 뚜껑 달린 머그잔이 그려져 있다.

그림 속 하녀가 우유를 따르는 그릇은 꽤 널찍한데, 이는 우유를 마시기 위해 따르는 것이 아니라 푸딩을 만들고 있음을 알려준다. 만일 빵이 돌덩이처럼 딱딱하게 굳어도 푸딩으로 만들면 알뜰하게 먹을 수 있다는 사실을 알리는 광고를 제작한다고 할 때 이 작품보다 더 적합한 시각 자료는 찾기 어렵지 않았을까. 이렇듯 페르메이르의 그림 〈우유를 따르는 여인〉이 빵집 벽면을 장식한 이유도 알고 보면 상품을 효과적으로 홍보하고 광고하기 위한 합리적인 목적에서 나온 것이었던 셈이다.

물론 당시 네덜란드에는 오늘날 광고에 해당하는 출판물이 거의 없었다. 가게 간판도 요즘 감각으로 보면 너무 단조로워 눈에 잘 들어오지 않는 수수한 디자인이 대부분이었다. 그렇다면 오늘날 사용되는 간판과 광고는 언제, 어떻게 등장했을까? 그것은 19세기 파리와 런던 등의 대도시가 탄생하고 수많은 인파가 거리를 오가게 되면서 화려한 간판과 자극적인 광고 문구로 손님을 끌고 구매를 촉진할 필요가 생긴 이후에야 비로소 모습을 드러냈다. 그도 그럴 것이 당시에는 거리를 오가는 이들은 대부분 어디에 무슨 가게가 있는지 잘 알고 있을 뿐 아니라 그때그때 필요한 물건만 사며 장을 보는 수준이었기 때문이다.

거리를 지나가던 사람이 간판과 광고에 이끌려 가게로 들어서고, 잘 꾸며진 가게 안에서 마치 오락처럼 쇼핑을 즐기며 당장 필요하지도 않은 물건까지 충동 구매하는 소비 습관은 근대 대도시가 탄생한 이후 형성되었다. 그 이전에는 오늘날 같은 화려한 간판과 광고는 아직 설 자리가 없었다.

지금도 관광객의 발길이 닿지 않는 한적한 지방 도시의 모습은 어느 나라나 별 차이 없이 단조롭다. 페르메이르가 살던 델프트

도 마찬가지였다. 그런 분위기에서 빵집에 〈우유를 따르는 여인〉
이 걸려 있었다면 그 가게의 명물로서, 글자 그대로 '간판 작품'이
되어 고객의 눈길을 한눈에 사로잡지 않았을까.

〈진주 귀걸이를 한 소녀〉의 실제 모델이 페르메이르의 연인이었다는 주장은 사실일까?

〈우유를 따르는 여인〉과 〈진주 귀걸이를 한 소녀〉는 페르메이르의 대표작이다. 한데 이들 그림의 모델에 대해서는 화가의 연인이었다는 설에서 하녀였다는 설까지 온갖 추측과 주장이 난무한다. 그중에서도 당시 수요가 폭발했던 '트로니(Tronie)'라는, 불특정 인물의 얼굴을 그린 작품이라는 해석이 가장 합리적인 주장으로 여겨진다.

'트로니'는 네덜란드어로 '얼굴'을 의미하는 단어에서 파생된 용어다. 이는 본래 '개성적이고 독특한 얼굴을 그린 회화'를 지칭했는데, 르네상스 후기부터 화가들이 습작을 겸해 그리기 시작했다. 그러던 것이 대작을 제작하는 공방에서 화가가 여러 점의 트로니를 미리 준비해 두었다가 제자들이 대형 화폭에 인물화를 그릴 때 사용하도록 했다.

이는 마치 과거에는 하찮게 여겨지던 정물이나 풍경을 주인공

요하네스 페르메이르, 〈진주 귀걸이를 한 소녀〉

1665, 캔버스에 유채, 44.5×39cm, 마우리츠하위스 미술관, 헤이그

으로 내세운 회화가 본격적으로 팔리기 시작한 것과 같은 이치로, 역시 이전에는 가치 없다고 여겨진 무명의 얼굴을 그린 회화가 근대 시민사회의 성립과 더불어 일약 인기 상품으로 주목받기 시작한 셈이었다고나 할까.

실제로 당대의 그런 수요에 부응해 렘브란트의 공방에서도 대량의 트로니를 그렸다는 기록이 남아 있다. 페르메이르가 그린 인물도 기본적으로 트로니였다. 그렇다면 왜 이런 새로운 화풍이 생겨났을까? 사전에 주문받아서 그리던 과거의 초상화와 달리 기성품으로 판매되는 근대 회화에서는 누구나 화면의 인물에 감정이입할 수 있도록 익명성이 요구되었기 때문이다.

그 연장선에서 대다수 현대 인물화는 이러한 트로니와 유사한 방식으로 그려진다고 해도 틀린 말은 아니다. 누구나 자신을 투영할 수 있는 표준적인 인물상이나 거리에서 우연히 마주친 매력적인 이성을 연상시키는 낯선 남녀가 아니라면 기성품 형식으로 그리기 어렵기 때문이다.

이런 맥락에서 볼 때 페르메이르의 〈진주 귀걸이를 한 소녀〉역시 트로니였을 가능성이 크다. 우선, 터번을 연상시키는 푸른색 머릿수건은 바다 건너 이슬람 국가에서 건너온 수입품 분위기를 내는 가공의 디자인이다. 옷깃이 높은 노란색 옷은 네덜란드 무역상이 일본 나가사키 데지마를 방문했을 때 바쿠후에게 선물받은 우치카케(打掛, 일본 전통 여성 의복인 기모노의 일종으로 가운처럼 걸쳐 입는데, 화려한 디자인이 특징—옮긴이)가 네덜란드에서 큰 인기를 끌며 고급 실내복으로 진화한 이국적 스타일의 옷이다. 커다란 진주 역시 값비싼 수입품으로 보이는데, 당대에 개발되어 선풍적인 인기를 끈 유리구슬로 안쪽에 밀랍과 물고기 비늘 가루를 칠한 모조품으로 추정된다. 어쨌든 이 그림은 경제적으로 엄청난 호황을 누리며 흥청거리던 17세기 네덜란드의 분위기를 인상적인 여주인공의 모습을 통해 잘 담아내고 있다.

근사한 장신구나 복장을 통해 고급스러운 취향을 한껏 드러내는 회화의 경우 더더욱 화가의 연인이나 하녀 등 사적인 관계가 있는 여성을 그린 초상화라기보다는 트로니로 그려졌을 가능성이 크다.

트로니로 그려진 페르메이르의 그림은 17세기 네덜란드가 전 세계를 상대로 한 무역으로 얻은 어마어마한 부와 풍요로움의 끝에서 만들어진 거품 경제를 반영하는 근대 시민 회화의 백미로 볼 수 있지 않을까.

독특한 개성과 참신한 소재로 '작품 차별화'에 성공하지 못하면
살아남을 수 없었던 17세기 네덜란드 화가들

기성품 전시 판매로 돌아가는 회화 시장은 시민의 취향에 맞는

요하네스 페르메이르, 〈회화의 기술〉

1666~1668, 캔버스에 유채, 120×100cm, 빈 미술사미술관

작품만 그리면 화가에게 성공을 안겨주는 기회의 장이 되었다. 그러나 이런 기성품 판매 방식은 기존의 주문 제작 방식에는 존재하지 않던 새로운 소재를 화가에게 요구했다. 다시 말해 화가는 자신의 작품을 다른 화가의 작품과 차별화할 수 있는 참신하고 독특한 소재를 발굴해야 했다. 그도 그럴 것이 기성품 전시 판매 메커니즘에서는 자신의 그림이 다른 화가의 그림과 한눈에 차별되는 특색과 강점을 갖추고 있지 않으면 고객이 기꺼이 지갑을 열려고 하지 않기 때문이다. 이런 흐름의 연장선에서 화가의 독자성, 즉 '개성'이라는 개념을 홍보하는 효과적인 전략이 필요해졌다고 볼 수 있다.

오늘날에는 화가가 후원자의 주문 없이 스스로 작품 소재를 선택해 자신이 원하는 스타일로 그림을 그리는 방식이 예술가의 독립성을 상징하는 미덕으로 여겨진다. 그러나 17세기 무렵 이러한 제작 방식은 주문을 받고 싶어도 받을 수 없던 화가가 그림을 그려서 먹고살기 위한 고육지책으로 짜낸 생존 전략의 하나였다. 그런 터라 생존을 위해 그림을 그리는 화가들에게 '작품의 차별화'는 필수 전략이 될 수밖에 없었다.

어찌 됐든 화가에게 '개성'이라는 독자성이 요구되는 시대가 시작되었다. 여기서 말하는 독자성에는 두 가지 측면이 있다. 첫째, '소재'의 독자성이다. 예를 들어 '해바라기' 하면 고흐, '수련' 하면 모네인 식이다. 둘째, '기법'의 독자성이다. 예컨대 원색이 소용돌이치는 대담한 터치의 고흐, 섬세한 색채가 은은하게 어우러지는 필치의 모네 식이다.

17세기 네덜란드 회화의 새로운 고객층을 이룬 시민계급이 요구한 독자성은 어느 쪽이었을까? 당연히 전자인 '소재'의 독자성이지 후자인 '기법'의 독자성은 아니었다. 왜냐하면 당대 사람들이 화가에게 기대하는 '기법'은 여전히 진짜처럼 보이는 그림, 즉 '사실 묘사'였기 때문이다. 회화가 사실 묘사를 버리고 화가의 독자적인 '기법'을 표방하기 시작한 것은 19세기 이후의 일이다. 그렇다면 왜 19세기 이후 '사실 묘사 포기와 화가의 독자적인 기법 표방'과 같은 새로운 흐름이 만들어졌을까? '사진'이라는, 당대로서는 세상을 놀라게 할 만한 첨단기술 문명이 등장했기 때문이다. 현실 세계를 완벽하게 재현해내는 사진의 등장으로 인해 사실적인 그림은 설 자리가 좁아질 수밖에 없었고 매력을 상실할 수밖에 없었던 것이다.

피카소가 끊임없이 파격적인 기법을 탐구하고 창조한 이유는
사진의 등장으로 화가의 밥줄이 끊어질지 모른다는
염려 때문이었다는데?!

인상주의 회화 이후에 볼 수 있는 사실 묘사 거부, 그리고 오늘

날 흔히 이야기하는 '일부러 못 그린 그림'은 더는 진검승부로 사진과 겨룰 수 없게 된 회화가 오직 회화만이 해낼 수 있는 독특한 기법을 꾸준히 탐구하고 시도한 결과 탄생시킨 획기적인 기법이다. 이 시점에 한 가지 흥미로운 에피소드를 하나 소개할까 한다. 위대한 화가 파블로 피카소(Pablo Picasso, 1881~1973)는 한때 사진의 출현으로 인해 회화가 소멸하게 되지 않을까 진지하게 걱정했다고 한다. 그가 실제로 그런 우려를 얘기하자 에드바르 뭉크(Edvard Munch, 1863~1944)는 별 쓸데없는 걱정을 다 한다며 웃어넘겼다고 한다. 아무튼 그림을 그려서 먹고 살아야 하는 팔자의 화가로서 밥줄이 끊길지 모른다며 진지하게 걱정한 피카소는 사진으로는 절대로 해낼 수 없는 파격적인 기법을 끊임없이 탐구하고 또 탐구하며 창조했다.

사진 기술이 등장하기 전, 사람들이 회화에 기대한 기법은 오로지 '사실 묘사'뿐이었다. 사진이 없는 시대에 회화는 오늘날 우리가 사진에 기대하는 '화상 기록'의 기능을 해낼 수 있는 유일무이한 기술로 받아들여졌기 때문이다. 그러므로 당대에는 사실 묘사를 거부한 회화는 설 자리가 없었으며 아무짝에도 쓸모없는 종이 쪼가리로 여겨질 수밖에 없었다. 17세기 네덜란드 화가가 다른 화가의 그림과 자신의 그림을 차별화하기 위한 전략을 '기법'이 아닌 '소재'의 독자성에서 찾은 것도 그런 흐름과 맥락에서였다. 아무튼 그 연장선에서 네덜란드 회화는 점점 더 고도로 전문화되었다.

17세기 네덜란드에서 탄생한 풍경화는 '자연 풍경을 그린 그림'과 '도시 풍경을 그린 그림'으로 나뉘었다. 자연 풍경을 그리는 화가를 좀 더 세분하면 '숲'을 소재로 그림을 그리는 화가, '초원과 전원'을 소재로 그림을 그리는 화가, '물가 풍경'을 소재로 그림을 그리는 화가, 그리고 심지어 '모래언덕'을 소재로 그림을 그리는 화가까지 등장했다. 도시 풍경화도 전문화·세분화가 이루어졌고 정물화 분야에서도 예컨대 '음식'을 주로 그리는 화가, '꽃병'을 주로 그리는 화가, '사냥감'을 주로 그리는 화가, 그리고 '해외에서 들여온 수입품'을 주로 그리는 화가에 이르기까지 온갖 전문 화가가 등장해 다양한 정서의 고객 취향에 맞는 그림을 제공했다.

다른 화가의 그림과 확실히 차별화하거나 어떤 식으로든 눈에 띄지 않으면 살아남을 수 없는 냉혹한 미술 시장에서 지속 가능성(Sustainability)을 추구하며 사투를 벌인 화가들의 고뇌와 애환을 엿볼 수 있는 대목이라고나 할까.

오늘날 화가들이 눈에 띄기 위해 갖은 노력을 다하는 까닭 또한 마찬가지일 것이다. 과거에나 현재나 화가들은 늘 살아남고자 절박하게 분투하고 있는지 모른다.

2

천재 중의 천재 다빈치가
경제적으로 궁핍할
수밖에 없었던 이유

다빈치의 〈최후의 만찬〉이 〈모나리자〉와 달리
유네스코 지정 세계문화유산으로 등록된 이유

밀라노를 침공한 나폴레옹(Napoleon I, 재위 1804~1814, 1815)은 서
둘러 산타 마리아 델레 그라치에(Chiesa di Santa Maria delle Grazie) 성당
을 찾아갔다. 그는 왜 만사를 제쳐놓고 이 성당부터 찾았을까? 레
오나르도 다빈치(Leonard da Vinci, 1452~1519)가 그린 그림 〈최후의
만찬(The Last Supper)〉(c. 1495~1498)을 자신의 눈으로 직접 보기 위해
서였다고 한다. 1796년의 일이다. 나폴레옹은 산타 마리아 델레
그라치에 성당 식당 벽에 그려진 벽화를 프랑스로 가져갈 궁리를
진지하게 했다고 하는데, 작품이 그려진 거대한 벽의 무게를 고
려하면 애초 불가능에 가까운 작전이었다. 회화가 벽화나 천장화
로 교회나 궁전 등 건축물의 일부로 존재했을 때 사람들은 오로
지 그 회화가 존재하는 공간에서만 그림을 감상할 수 있었다.
　〈최후의 만찬〉은 작품의 '부동성'을 인정받아 회화로서는 매

우 드물게 유네스코 지정 세계문화유산으로 등록되었다. 1980년의 일이다. 반면 목판에 그려진 '동산(動産)'인 〈모나리자(Monna Lisa)〉(1503~1519)는 〈최후의 만찬〉보다 훨씬 많은 관람자를 루브르 미술관으로 불러 모으고 있으나 세계문화유산으로 인정받지 못했다. 유네스코가 정한 세계문화유산 등록 기준과 인정 대상이 '부동산'으로 제한되어 있기 때문이다. 사실 회화가 시장에서 사고파는 상품이 되기 위해서는 '동산화'가 필수 전제다. 부동산인 벽화와 천장화는 세계문화유산으로 등록될 수 있으나 동산인 회화는 개인 자산이기에 등록될 수 없다.

회화가 동산이 되도록 촉진한 것은 바로 르네상스 중기에 등장한 '캔버스(canvas)'다. 배의 돛과 깃발에 쓰이던 직물을 활용한 캔버스는 그 무렵 급속히 부상하던 유화의 가장 적합한 밑바탕이 되어주었다. 화폭이 커지더라도 둘둘 말아서 운반할 수 있는 편리성도 한몫한 덕분에 캔버스는 매우 빠르게 보급되어 기존의 벽화, 천장화, 제단화에는 존재하지 않던 상품으로서의 유동성을 회화에 부여했다.

보티첼리(Sandro Botticelli, c. 1445~1510)가 비너스를 주제로 그린 두 점의 유명한 작품이 있다. 〈봄(Spring)〉(c. 1480)과 〈비너스의 탄생(Birth of Venus)〉(c. 1485)이다. 이 중 〈봄〉은 목판에 그려진 데 반해 〈비너스의 탄생〉은 캔버스에 그려졌다. 두 작품의 공통점은 달걀 노른자로 안료를 녹인 물감인 템페라로 그려졌다는 점이다.

레오나르도 다빈치의 〈최후의 만찬〉 벽화가 있는 밀라노의 산타 마리아 델레 그라치에 성당. 밀라노 공작 루도비코 스포르차가 돌아가신 어머니를 추모하며 다빈치에게 의뢰한 〈최후의 만찬〉은 성당 식당을 장식한 벽화로 '부동산'에 귀속되어 유네스코 지정 세계문화유산으로 등록되었다.

레오나르도 다빈치, 〈모나리자〉

1503~1519, 목판에 유채, 77×53cm, 루브르 미술관, 파리

운반할 수 있는 동산으로 유네스코 규정에 따라 세계유산으로 인정되지 않았다.

그 무렵 템페라를 대신해 급속히 보급된 기법이 바로 '유화'다. 네덜란드에서 탄생한 유화는 템페라보다 훨씬 풍부한 색채와 음영을 표현할 수 있었다. 그 덕분에 사실주의 묘사 기법이 비약적으로 발전했으며 유화의 밑바탕으로 적합한 재질이던 캔버스도 매우 빠르게 보급되기 시작했다.

오늘날 캔버스는 회화의 대명사로 사용될 정도로 크게 대중화되었다. 그런 만큼 캔버스의 등장은 회화라는 예술의 존재 양식을 근본부터 뒤바꿔놓는 일대 사건이었다. 그도 그럴 것이 목제 틀에 못을 박아 고정하기만 하면 바로 그림을 그릴 수 있는 장점이 있기 때문이었다. 또한 캔버스는 무게가 가벼워 대형 작품도 둘둘 말아서 운반할 수 있는 이점이 있다. 이런 장점 덕분에 캔버스는 회화라는 형식의 예술에 '그리는 공간'과 '장식하는 공간'을 가리지 않는 획기적인 유동성과 기동성을 갖게 해주었다.

기존의 목판은 어느 정도 이상 크기의 그림을 그리려면 제작과 관리가 까다로워 적지 않은 수고를 감수해야 했다. 실제로 보티첼리의 그림 〈봄〉도 세로로 긴 포플러 판자 여덟 개를 옆으로 연결한 패널에 전나무 목재 두 개를 가로질러 접착해 강도를 보강했다. 온도와 습도 차이에 따라 휘거나 갈라지는 현상을 방지하기 위한 처리로, 목재 접착에는 석탄과 치즈를 혼합해 강력접착제와 함께 서른 개가량의 금속 재질 보강장치를 사용했다. 두께도 3센티미터 정도로 두툼하고 무게는 캔버스에 그린 〈비너스의

산드로 보티첼리, 〈봄〉

c. 1480, 목판에 템페라, 207×319cm, 우피치 미술관, 피렌체

산드로 보티첼리, 〈비너스의 탄생〉

c. 1485, 캔버스에 템페라, 172.5×278.5cm, 우피치 미술관, 피렌체

탄생〉보다 훨씬 무겁다. 목재라서 충해에도 약한 〈봄〉 패널을 복원 검사하던 중 나무를 갉아 먹은, 미라가 된 벌레가 발견되기도 했다.

이처럼 목판에 그려진 제단화와 교회·궁전의 벽화, 천장화가 특정 건축에 부속되는 형태로 보여지는 데 반해 캔버스에 그려진 회화는 자유롭게 옮길 수 있어 소유자가 좋아하는 공간을 장식할 수 있는 고급 소비재로 거듭날 수 있었다. 르네상스에 뒤이은 바로크 시대에 네덜란드에서 시민 회화가 폭발적으로 꽃핀 것도 캔버스가 도입되면서 그림에 본격적으로 '동산성'이 부여되었기 때문에 가능한 일이었다.

이러한 회화의 '동산성'은 화가의 작업 방식을 근본부터 바꾸어 놓았다. 그도 그럴 것이 부동산인 벽화와 천장화는 화가가 그곳에 가서 그려야 하지만 동산인 회화는 화가가 자기 집이나 작업실에서 제작할 수 있기 때문이었다.

예술가 후원자의 다섯 가지 유형

영국 역사가 피터 버크(Peter Burke)의 『이탈리아 르네상스(The Italian Renaissance)』(1972)에 따르면, 르네상스 시대 예술 후원자, 즉 패트론(patron)의 지원은 기본적으로 금전 지원이 아닌 '식객' 형식으로 이루어졌다.

여기서 말하는 '식객'이란 집주인이 호의로 베푸는 잠자리와 식사에 의지해 더부살이하는 사람을 말한다. 당시 화가 경력의 정점으로 여겨진 왕실 화가의 경우도 궁정에서 숙식하며 왕실 요청에 따라 작품을 제작했기에 사실상 식객이나 다름없었다. 레오나르도 다빈치의 〈최후의 만찬〉도 그가 밀라노 궁정에 식객으로 기거하던 시절에 제작되었다. 그는 당시 회화부터 조각 제작, 궁정 행사 연출까지 다방면의 업무를 담당했는데, 〈최후의 만찬〉도 그러한 업무의 연장선에서 탄생한 셈이다.

피터 버크는 저서에서 누군가에게 후원받는 예술가를 다섯 가지 유형으로 나누었다. 첫 번째 유형은 일시적인 시스템으로 특정 기간에만 식객 대접을 받았다. 두 번째는 특정 작품 제작 기간에만 식객 대우를 받는 유형, 세 번째는 작품 구매 형식으로 후원받는 경우였다.

세 번째 유형은 당시 새롭게 등장한 후원 형식으로, 회화의 동산화에 따른 시장경제를 기반으로 했다. 즉 후원자가 화가의 작품을 구매함으로써 그의 생활에 필요한 자금을 지원해주는 시스템인데, 화가는 자기 집이나 개인 화실에서 작품을 제작했다. 요즘 식으로 말하자면, 근로자가 재택근무 방식을 자유롭게 선택할 수 있었던 것이다. 재택근무 방식은 눈칫밥을 먹어야 하는 식객 생활과 비교하면 후원자의 간섭과 구속이 한결 덜했기에 대다수 화가가 선호했다.

네 번째 유형은 아카데미라는 교육기관을 매개로 하는 후원, 다섯 번째 유형은 재단 등의 특정 단체를 통해 보조금을 지급하는 근대적인 후원이다. 이 두 유형은 르네상스 시대에는 아직 완벽하게 확립돼 있지 않았다.

열네 살 나이에 레오나르도 다빈치는 이탈리아 피렌체에서 활동한 화가이자 조각가인 안드레아 델 베로키오(Andrea del Verrocchio, c. 1435~1488)의 공방에 들어갔다. 다빈치는 화가로서 실력을 인정받아 20대 후반에 동업자 조합 가입 허가를 받았으며, 서른 살 무렵에는 후원자의 첫 번째 유형인 식객 자리를 찾아 밀라노 궁정에서 일했다. 일설에 따르면 메디치 가문이 다빈치를 천거했다고 하는데, 자세한 사정은 알 수 없다. 당시 메디치 가문이 로마 교황청의 벽화 제작을 위해 추천한 예술가 명단에는 다빈치의 이름이 없기 때문이다. 그런 맥락에서 볼 때 메디치 가문이 지배하는 피렌체에서 다빈치는 미래의 희망을 발견하지 못한 채 확고한 자리를 차지하지 못했을 수도 있다.

밀라노 궁정에서 식객 자리를 얻은 레오나르도 다빈치는 화가, 조각가, 건축가, 무대 연출가, 음악가, 시인까지 다방면에 걸쳐 재능을 발휘했다. 그리고 그는 임명받은 지 12년 후 밀라노 공작 루도비코 마리아 스포르차(Ludovico Maria Sforza, 1452~1508)의 지시에 따라 불후의 명작 〈최후의 만찬〉을 그렸다.

인류 예술사 최고의 천재 다빈치가 요즘
취업 준비생처럼 자기소개서를 썼다고?

밀라노행을 결심할 당시 젊은 레오나르도 다빈치가 쓴 자기소개서 초안이 오늘날까지 남아 있다. 인류 예술사를 통틀어 넘버원 천재라고 해도 지나치지 않을 다빈치도 마치 요즘의 취업 준비생처럼 자기소개서를 썼다는 사실이 자못 흥미롭다. 이 자료는 당시 예술가들이 어떻게 자신을 알리고 홍보했는지 짐작하게 하는 매우 귀중한 사료다.

자신이 얼마나 대단한 재능을 가진 인재인지 구구절절 설명하는 다빈치의 자기소개서에는 운반 가능한 다리 설계도를 비롯해 열 가지 항목의 특수 기술이 열거되어 있다. 좀 더 구체적으로 살펴보면 공성전을 위한 비밀병기, 중화기, 경화기, 투석기 등의 신무기, 장갑차, 장갑선, 비밀 터널 굴삭법 등이 총망라되어 있다. 대부분 오늘날 첩보물 장르 영화에 나올 만한, 공상적 군사 기술 아이디어가 반영된 것들이다. 그리고 '천재 예술가' 다빈치라는 관점에서 보기에 뜻밖인 것은 회화와 조각 관련 기술이 건축·토목 기술과 함께 마지막 장인 제12장에 그야말로 맛보기 수준으로 가볍게 기술되어 있는 것이다.

당시 이탈리아 도시국가들은 서로 빈번히 전쟁을 치르고 있었으며, 밀라노 공국은 베네치아 공화국과 긴장 상태에 있었다. 다빈치의 자기소개서는 이러한 분위기를 고려해 작성한 것으로 추정된다. 군주가 원하는 기술이 무엇이든 자신이 제공할 수 있다고 호소하며 궁정 안에서 식객 신분을 보장받으려는 다빈치의 간절함이 생생하게 전달되는 자기소개서인 것이다. 르네상스 시대 예술가는 생활수단을 확보하기 위해 무척 다양한 분야에서 재능을 발휘해야 했음을 짐작하게 하는 대목이다.

실제로 레오나르도 다빈치는 밀라노 궁정에서 다재다능함과 천재의 재능을 한껏 뽐내며 창작활동을 이어나갔다. 다만 신무기 발명에 있어서는 비현실적인 상상 수준을 넘지 못해 실현되지는 못했다. 그래도 다빈치는 역시 다빈치였다. 그 사례 중 하나로, 그가 발명한 연극 무대 장치를 보고 오늘날 로봇처럼 정교한 기계인형을 제작하는 장인들마저 혀를 내두르며 감탄했다는 에피소드가 전해지고 있다. 이런저런 잡다한 업무를 소화해내며 다빈치는 밀라노 공작의 돌아가신 어머니를 추모하는 작품으로 산타마리아 델레 그라치에 성당 벽에 불후의 명작 〈최후의 만찬〉을 그렸다.

다빈치는 이 작품을 마치 연극의 한 장면처럼 묘사했다. 예수가 십자가에 매달리기 전날 밤 열두 제자와 함께한 최후의 만찬 자리에서 "너희 중에 나를 팔아넘길 자가 있으리라"라며 유다의 배신을 알려 제자들 사이에 파문을 일으킨 극적인 순간을 다빈치는 어떻게 구성했을까? 다빈치는 예수의 열두 제자 모두를 기다

도메니코 기를란다요, 〈최후의 만찬〉

1480, 프레스코, 400×810cm, 오니산티 성당, 피렌체

예수를 포함해 다른 제자들이 관람자를 향해 앉아 있는 데 반해 화면 중앙에 관람자를
등진 채 앉아 있는 한 인물을 배치함으로써 누가 유다인지 한눈에 알아보게 하는
구도를 취했다.

레오나르도 다빈치, 〈최후의 만찬〉

c. 1495~1498, 회벽에 템페라, 460×880cm, 산타 마리아 델레 그라치에 성당, 밀라노
기를란다요의 그림에서 유다는 식탁 앞에 따로 앉아 있다. 그러나 다빈치는 예수와
열두 제자가 모두 관람자를 마주하는 방향으로 식탁 한쪽에 나란히 앉도록 배치했다.

란 식탁에 앉히고, 동작과 표정으로 유다를 구분 짓는 전혀 새로운 양식을 창조했다. 이 주제를 다룬 다른 화가들이 유다가 누구인지 한눈에 알 수 있도록 유다를 식탁 반대편에 쓸쓸히 앉아 있도록 하는 것과는 완전히 차별화되는 구도인 것이다.

예수의 발언을 두고 제자들이 보인 반응도 자세히 살펴보자. 일테면 기존의 다른 작품에서는 비탄에 젖은 모습으로 스승의 가슴에 기대는 사도 요한을 제외한 다른 제자는 모두 비슷비슷한 모습으로 그려졌다. 그러나 다빈치는 각각의 제자에게 그들만의 개성을 부여하고 그에 따라 서로 다른 반응을 보이는 모습을 묘사해 생동감 넘치는 캐릭터를 창조해냈다. 단언컨대, 레오나르도 다빈치 이전에 이 정도로 다양하고도 생생하게 제자들의 반응을 보여주는 '최후의 만찬' 주제를 그린 화가는 없었다.

〈최후의 만찬〉 제작이 늦어진다는 이유로 불만을 제기한
수도원장을 유다의 모델로 그리려 했던 다빈치

레오나르도 다빈치가 뜬눈으로 밤을 지새우고 식사도 자주 거르며 〈최후의 만찬〉 제작에 몰두했으리라 상상하는 사람이 많다. 과연 그랬을까? 그렇지 않았다는 것이 정설이다. 사실 그는 붓 한 번 들지 않고 화면을 뚫어져라 쳐다보며 시간을 보내는 날들이

허다했다. 이런 모습은 관점에 따라 농땡이 피우며 일하는 시늉만 내고 있는 것으로 볼 수도 있다. 다빈치는 다른 일을 처리하다 기분이 내키면 뜬금없이 작업장에 들러 몇 군데에 붓질을 하다 다시 하던 일로 되돌아가는 일도 많았던 모양이다.

심지어 반나절 넘도록 벽화 앞에서 골똘히 생각에 잠겨 있는 다빈치를 보고 참다 못한 수도원장이 밀라노 공작을 찾아가 '다빈치가 시간만 축내며 밥값을 하지 못하고 있다'고 하소연한 일까지 있을 정도였다. 수도원장이야 애가 타든 말든 다빈치는 "화가가 아무것도 하지 않을 때야말로 가장 많은 일을 할 때"라고 천연덕스럽게 대꾸했다. 그는 한발 더 나아가 '다빈치는 배신자 유다에게 딱 맞는 얼굴을 찾을 수 없어 작업이 지연되는 것'이라며, '자꾸 작업을 재촉하면 수도원장을 모델로 유다를 그리겠다'고 말해 밀라노 공작의 웃음보를 터뜨리기도 했다.

밀라노 공작의 독촉이 결국 다빈치를 움직였을까? 손이 느리기로 유명한 다빈치로서는 드물게 3년이라는 비교적 짧은 시일 내에 그림을 완성했다. 그러나 지금은 그림의 원형을 거의 찾아볼 수 없다. 왜 원형이 남아 있지 않을까? 그 이유는 다빈치가 〈최후의 만찬〉을 그릴 때 흔히 사용되는 벽화 기법인 프레스코(fresco) 대신 그가 직접 고안한 새로운 기법을 사용했기 때문이다. 그래서 그림을 완성한 뒤 10년도 채 지나지 않아 벽에서 물감이 부슬부슬 떨어져 내리며 칠이 벗겨지기 시작했다.

전통 벽화 기법인 프레스코는 '신선한' 혹은 '(방금 회칠하여) 축축한'이라는 뜻의 이탈리아어에서 비롯된 미술 용어다. 이는 갓 칠해 축축한 회반죽 위에 수성물감으로 재빨리 그림을 그리고 회반죽이 마르면서 물감이 함께 자리 잡으며 내수성(耐水性)을 띠게 되는 기법이다. 미켈란젤로는 프레스코 기법으로 시스티나 예배당의 거대한 천장과 벽을 가득 채운 〈천지창조〉와 〈최후의 심판〉을 그렸다.

내수성은 습기로 인해 화면의 칠이 벗겨지는 부작용을 방지하는 데 필수적인 특성이다. 한마디로 말해 프레스코는 내수성을 확보하기 위해 고안된 기법이었다. 회반죽이 건조되기 전 신속하게 그림을 완성하는 재빠른 손놀림이 요구되는 것도 그런 맥락에서다. 제작 중 회반죽이 말랐을 때나 나중에 수정하기 위해 마른 벽에 덧칠하는 작업을 '세코(secco)'라고 하는데, '세코'는 르네상스 시대 지하 금융에서 활용했던 시장 활성화에 보탬 되지 않은 '건식 어음'을 일컫는 '캄비오 세코(cambio secco)'에서도 볼 수 있는 단어다. 즉 세코는 프레스코의 반대말이다.

회반죽이 마르기 전에 그림을 완성해야 하는 프레스코는 능숙하게 그리지 못하면 조잡한 간판 그림처럼 엉성해 보일 위험이 있었다. 자칫하면 완성도가 떨어져 보일지 모른다는 불안감과 회반죽이 마르기 전에 그림을 그려야 한다는 압박감을 다빈치는 견딜 수 없었던 것 같다.

미켈란젤로의 대작 〈천지창조〉 천장화를
다빈치가 그리면 4,000년이 걸린다?

프레스코는 '작업 속도'가 전부라고 해도 지나치지 않다. 시간
에 쫓겨 섬세한 터치로 꼼꼼하게 그릴 수 없다 보니 사실상 정밀
묘사는 거의 불가능하다. 미켈란젤로가 시스티나 예배당 천장에
그린 〈천지창조〉 중 '아담의 창조'를 실제로 예배당에서 올려다
보면 생동감이 넘치지만 화집에서 자세히 보면 놀라우리만큼 대
담한 터치로 쓱쓱 그려졌음을 알 수 있다. 그와 대조적으로 다빈
치의 〈모나리자〉는 화집에 돋보기를 대고 아무리 확대해서 들여
다보아도 붓 자국이 거의 보이지 않을 정도로 정교하다. 사진을
연상시키는 다빈치의 묘사는 옅게 푼 유화물감을 말도 안 되게
엄청난 횟수로 덧칠한 것으로, 회반죽이 마른 뒤 덧칠하지 않는
프레스코와 정반대 기법으로 그려졌다. 신속함으로 승부하는 프
레스코는 유화물감으로 섬세한 터치를 덧입히는 방식을 선호한
다빈치의 기질과는 애초 물과 기름처럼 맞지 않았다.

크기 면에서 보자면 소품 부류에 들어가는 〈모나리자〉에 레오
나르도 다빈치는 장장 15년의 시간을 쏟아부었다. 재미있는 상
상을 해보자. 만약 다빈치가 〈모나리자〉에 들인 것과 같은 속도
로 체육관 천장만큼 화폭이 큰 〈천지창조〉(시스티나 예배당 천장의
크기는 대략 40×14m)를 그린다면 과연 완성까지 얼마의 시간이 걸

미켈란젤로 부오나로티, 〈천지창조〉 중 '아담의 창조'

c. 1512, 프레스코, 280×570cm, 시스티나 예배당, 바티칸 궁전

미켈란젤로 부오나로티, 〈천지창조〉 중 '아담의 얼굴' 부분.
회반죽이 마르기 전에 재빠른 손놀림과 거침없는 터치로 그려냈다.

릴까? 무려 4,000년에 가까운 시간이 필요하다!

유화는 물감이 마르면 검은 바탕 위에 순백색을 덧칠할 수도 있어 수정하기 쉬운 방식이다. 마음에 들 때까지 몇 번이고 수정할 수 있는 유화물감은 당시 화가에게는 오늘날의 컴퓨터 기술만큼 무한한 가능성을 품은 획기적인 재료로 보이지 않았을까. 이상적인 그림을 그리기 위해 집착에 가까운 수준으로 수정에 공을 들이던 다빈치에게 유화물감은 딱 맞는 재료였다.

네덜란드에서 고안되고 확립된 유화 기법은 르네상스 시대 초기에 이탈리아에 들어왔다. 베로키오 공방에서 수련 중이던 레오나르도 다빈치는 스무 살 즈음 이 새로운 기법을 알게 되었다. 끊임없는 훈련과 노력으로 유화 기법을 터득한 다빈치는 탁월한 사실 묘사 기술로 스승의 입에서 감탄이 흘러나오게 했다. 실제로 다빈치가 유화로 그린 천사를 본 스승 베로키오가 붓을 버리고 조각에 전념했다는 일화는 널리 알려져 있다. 아마도 베로키오는 제자의 탁월한 재능을 자신이 넘어설 수 없음을 바로 직감하지 않았을까. 다른 한편으로, 유화라는 새로운 기술이 구현해내는 뛰어난 시각 효과를 직접 눈으로 목격한 그는 시대의 드라마틱한 변화를 간파하고 회화에서 조각으로 방향을 변경한 것이 아닐까 싶기도 하다.

레오나르도 다빈치는 〈최후의 만찬〉에서 수정이 자유로운 유화와 템페라를 합친 새로운 기법을 시도했다. 한데 이 실험적인 기법이 실패로 끝나며 그의 그림은 완성 당시의 원형을 대부분 잃어버렸다. 그림을 훼손시킨 가장 주된 요인은 습기가 많은 밀라노의 기후였다. 습기는 그림과 벽면 사이에 수분과 곰팡이를 만들었다. 그리고 그 곰팡이가 그림물감을 시나브로 벽면에서 밀어 올려 수많은 균열을 만들었고, 그림물감 조각이 부슬부슬 벗겨져 떨어져 나가기 시작했다.

레오나르도 다빈치는 회반죽에 수성 물감을 침투시켜 견고하게 만드는 프레스코 방식이 아닌 새로운 방식을 고안했다. 그것은 템페라와 유화를 절충해 물감층 자체를 단단하게 만들고자 하는 의도로 시도한 또 하나의 실험이었다. 그러나 그의 예상과 달리 단단하게 굳은 물감 피막이 오히려 통기성을 떨어뜨려 그림과 벽면 사이에 습기와 곰팡이가 증식하게 만드는 끔찍한 요인이 되어버렸다. 다시 말해 물감 피막과 벽 사이에 생긴 공간이 수분을 머금어 곰팡이가 기승을 부리는 배양지 역할을 했고, 다빈치의 의도와 달리 그림을 벽면에서 벗겨내는 작용을 하고 만 셈이었다.

완성된 〈최후의 심판〉은 공개 직후부터 이미 신격화되어 하나의 살아 있는 전설이 되었다. 대중은 레오나르도 다빈치의 신기에 가까운 솜씨에 감탄하고 환호했다. 그림의 무한한 품격과 절묘한 사실 묘사에 찬사가 쏟아졌으나 안타깝게도 오늘날 우리는 그 시대 대중이 열광했던 그 그림은 볼 수 없다.

불후의 명작으로 남은 〈최후의 만찬〉이 당대에는
실패한 회화로 간주될 수밖에 없었던 이유

작품 완성 직후 밀라노를 침공한 프랑스 국왕 루이 12세(Louis XII, 재위 1498~1515) 역시 후대의 나폴레옹과 마찬가지로 수도원을 통째로 부수고 벽화를 벽째 들어내서라도 〈최후의 만찬〉을 프랑스로 가져가고 싶어 했다. 그러나 루이 12세와 나폴레옹처럼 아무리 절대 권력을 가졌더라도 부동산인 벽화를 마치 휴대 가능한 미술품처럼 가져간다는 것은 기술적인 차원에서 불가능한 일이었다. 말하자면 벽화를 떼어내 온전히 소유한다는 것은 당시 기술 수준으로는 그야말로 그림의 떡이었다.

다시 말해 부동산인 그림은 약탈할 수 없는 미술품이지만 건축물이 파괴되면 그 건축물과 운명을 함께할 수밖에 없다. 반면 캔버스에 그려진 동산 회화는 피난길에 가져갈 수 있다. 실제로 제2차 세계대전 당시 수많은 명화가 방공호와 지하 수장고로 옮겨졌는데, 〈최후의 만찬〉은 이동할 수 없는 작품이었기에 수도원과 함께 연합군의 폭격으로 인한 엄청난 충격을 고스란히 견뎌내야 했다. 무참히 파괴된 수도원 잔해 속에 이 벽화만 남아 고고한 자태를 뽐내는 당시 사진을 보고 있노라면 기독교 신자가 아니라도 마치 기적의 순간을 생생히 목격한 것 같은 감격을 느끼게 된다.

동산 회화, 부동산 회화 모두 일장일단이 있다. 좋든 나쁘든 프레스코는 부동산 회화인 벽화에 가장 적합한 기법이었다. 게다가 다빈치가 질색하던 투박한 붓질도 벽화와 천장화를 감상할 관람객과의 거리를 고려하면 오히려 투박한 터치가 대담하고 시원시원하게 느껴지는 효과를 기대할 수 있다.

미켈란젤로가 〈천지창조〉를 그린 시스티나 예배당의 천장 높이는 20미터가 넘는다. 그런 터라 이 작품을 마주하는 사람은 가장 짧게 잡아도 20미터 이상 떨어진 거리에서 그림을 볼 수밖에 없다. 이 거리는 물리적으로 더는 좁혀질 수 없다. 시스티나 예배당 정면 제단에 그려진 〈최후의 심판〉도 교황을 비롯해 예배를 집전하는 고위 성직자조차 제단 바로 앞에서 그림을 볼 일이 없다. 아무리 가까이서 본다고 해도 최소 6미터는 떨어진 지점에서 감상하게 되기 때문이다. 프레스코는 이렇게 어느 정도 떨어진 거리에서 감상한다는 점을 전제로 그려졌기에 섬세한 묘사보다는 전체적인 조형미와 균형감을 잘 살려야 웅장한 느낌을 제대로 담아낼 수 있다.

이와는 대조적으로 캔버스에 유화물감으로 그리는 작품의 경우 상황에 따라 몇 센티미터나 몇 밀리미터의 근거리에서 감상

가톨릭의 총본산 바티칸 궁전 시스티나 예배당 내부. 정면 제단 벽면의 〈최후의 심판〉, 천장의 〈천지창조〉는 모두 미켈란젤로가 그렸다. 그 외 빛이 새어드는 창문 아래 벽면도 그림으로 장식되어 있다.

하는 상황까지 고려해야 한다. 프레스코가 공공 공간에서 일정한 거리를 두고 감상하게 되는 부동산 회화에 적합한 기법이라면 유화는 사적 공간에서 감상하게 되는 동산 회화에 적합한 기법으로 가까이에서 감상해도 실망하지 않을 만큼 정밀한 묘사가 요구되었다. 다빈치가 〈최후의 만찬〉에서 범한 뼈아픈 실패 원인은 동산 회화에 필요한 정밀 묘사를 부동산 회화인 벽화에서 추구한 데 있었다.

다빈치는 왜 자신의 만년 방랑길의 소중한 길동무 〈모나리자〉를 캔버스가 아닌 목판에 그렸을까?

프랑스군의 밀라노 침공으로 밀라노 공작 루도비코 스포르차가 실각하자 레오나르도 다빈치는 고향인 피렌체로 돌아가겠다고 결심했다. 이는 1499년의 일로, 다빈치가 밀라노에 온 지 17년째 되던 해의 일이다. 〈최후의 만찬〉으로 얻은 명성은 고향에도 전해져 귀향하자마자 그는 피렌체 시청사의 대형 응접실을 장식하는 벽화 제작을 의뢰받았다. 다빈치의 작품이 들어설 벽면의 맞은편 벽화는 미켈란젤로가 맡음으로써 두 거장은 선의의 경쟁을 벌이게 되었다.

그런데 여전히 프레스코를 혐오하던 다빈치가 고문서를 샅샅이 뒤져 찾아낸 밀랍으로 그리는 기법을 시도하는 바람에 작업 도중 그림이 줄줄 흘러내리며 지워지기 시작하는 사달이 났다. 피렌체 당국은 그림값을 고스란히 돌려주거나 작품을 원상복구 하라고 다빈치를 몰아세웠다. 극심한 압박을 견디지 못한 다빈치 는 당시 밀라노를 실질적으로 지배하던 프랑스 총독 샤를 2세 당 부아즈(Charles II d'Amboise, 재임 1503~1511)의 초대를 받고 도망치듯 피렌체를 벗어났다. 그가 〈모나리자〉 제작에 착수한 시기는 밀라 노행 얼마 전이었다.

레오나르도 다빈치가 〈모나리자〉를 유화 기법으로 그리면서 캔버스가 아닌 목판을 선택한 까닭은 뭘까? 여러 이야기가 전하 는데, 그중에는 다빈치가 꼼꼼하게 붓질할 때 캔버스의 올이 걸 리적거렸기 때문이라는 설도 있다. 목판에 그려져 크기로만 보면 소품에 해당하는 이 작품은 다빈치의 만년 방랑길을 함께한 가장 소중한 길동무였다.

레오나르도 다빈치는 메디치가 출신 교황 레오 10세(Pope Leo X, 재위 1513~1521)의 남동생 줄리아노의 비호 아래 밀라노를 떠나 로 마 교황청으로 향했다. 샤를 2세 당부아즈가 10년도 지나지 않아 권력 경쟁에서 밀려나면서 다빈치가 밀라노에서 기댈 곳을 잃었 기 때문이었다. 안타깝게도 다빈치는 로마에서 재능을 발휘할 만 한 일거리를 얻지 못했다. 겨우 교황청에서 의뢰받은 소품도 그 림을 그리기 전부터 완성 후 칠할 니스 개발에 몰두하는 바람에 교황을 기다리다 지치게 했다. 어쩌면 완성 후 물감이 떨어져 내리기 시작한 〈최후의 만찬〉의 실수를 만회하기 위한 연구였을 수도 있겠으나 도무지 본격적으로 작업에 착수할 기미를 보이지 않는 예술가가 교황의 눈에는 그저 밥값만 축내는 식충이일 뿐이었다. 완성된 그림을 기다리며 애를 태우던 교황은 떠들썩한 소문과 달리 실력 발휘를 하지 못하는 다빈치에게 실망해 이후 일거리를 주지 않았다.

이런 식으로 이탈리아에서 식객 자리를 찾지 못하게 된 늙은 다빈치를 프랑스 국왕 프랑수아 1세(François I, 재위 1515~1547)가 불러들였다. 당시 프랑수아 1세는 미켈란젤로와 라파엘로도 프랑스로 초청했다. 그러나 두 화가는 의뢰받은 작업이 너무도 많아 도저히 시간을 낼 수 없다는 이유로 거절했다. 그 탓에 다빈치만 프랑스 국왕의 부름에 응했다. 다빈치는 고국 이탈리아에서 일다운 일을 할 수 없는 찬밥 신세였기 때문이다. 불우하다고 할 수도 있는 만년이었으나 다빈치 사후 프랑스 왕실의 보물이 된 〈모나리자〉에 매겨진 평가액은 당시 기준으로도 천문학적인 액수를 기록했다.

그러나 정작 거액의 그림값을 받아 챙긴 이는 다빈치가 아니었다. 그럼 누구였을까? 그는 바로 다빈치가 아끼던 아름다운 미모를 지닌 제자이자 애인이라는 소문마저 돌던 살라이(Salai)라는 인물이었다.

미모의 제자 살라이와 다빈치 유언장의 풀리지 않는 수수께끼

프랑스 국왕 프랑수아 1세는 미술 분야에서 이탈리아에 크게 뒤처진 프랑스에 이탈리아 미술의 정수를 이식하고자 부단히 노력했다. 그런 터라 그는 프랑스에 온 다빈치에게 왕의 거처에서 가까운 프랑스 중부 앙부아즈성(Château d'Amboise)을 제공하는 등 호의를 베풀었다.

프랑스 국왕은 늙은 예술가를 아버지처럼 따르고 연모했으며, 레오나르도 다빈치의 처소를 방문해 격의 없이 대화 나눌 기회만 손꼽아 기다렸다. 다빈치가 프랑스에서 보낸 만년 시절을 그의 제자 살라이가 함께했다. 살라이는 어떻게 다빈치의 제자가 되었을까? 그 경위가 자못 흥미롭다. 그의 본명은 잔 자코모 카프로티 (Gian Giacomo Caprotti)로, 열 살 무렵 시장에서 도둑질하다 붙잡힌 채로 다빈치에게 발견되어 그의 제자가 되었다.

다빈치는 왜 그를 제자로 받아들였을까? 살라이 또한 화가로서 작품을 몇 점 남겼으나 재능보다는 미모에서 높은 점수를 얻어 제자로 받아들여졌다는 후문이다. 흥미로운 것은 다빈치가 일기에 "살라이는 도둑에 거짓말쟁이이며 식탐만 많은 자"라고 평하며 살라이가 스승의 지갑에서 슬쩍한 돈의 액수까지 꼼꼼히 기록했다는 점이다. 어쨌든 살라이는 빼어난 미모 외에는 변변히 내세울 구석이 없는 못난 제자였으나 위대한 스승이 세상을 떠나기 직전까지 30여 년의 긴 시간 동안 동고동락하며 스승을 지켰다.

본래 레오나르도 다빈치는 여성을 꺼리는 경향이 강했다고 한다. 게다가 젊은 시절 그는 당시 피렌체에서 악덕으로 간주되던 동성애 혐의로 고발당하는 수모를 겪기도 했다. 다행히 고발이 익명으로 이루어져 확증을 잡지 못한 덕분에 운 좋게 풀려나긴 했지만.

레오나르도 다빈치는 뛰어난 미모의 소유자로 알려져 있다. 당시 베로키오가 제자인 다빈치를 모델로 제작한 다비드상 등을 보면 그가 천사와 같은 빼어난 미모를 가졌음을 짐작하게 한다. 실제로 다빈치가 모습을 드러내자 그 자리에 있던 사람들이 일제히 그의 뛰어난 미모와 지성에 매료되는 일도 있었다. 그러고 보면 다빈치는 살라이의 아름다운 외모에서 젊은 시절 자신의 모습을 발견한 게 아니었을까. 자기애가 강했던 다빈치는 그런 의미에서 젊은 시절의 자신을 닮은 살라이에게 끌렸을 수도 있다.

다빈치는 사랑하는 제자 살라이에게 〈모나리자〉를 선물했다. 원래 이 그림은 다빈치의 유언에 전혀 기록이 남아 있지 않아 미술사가에게 수수께끼로 여겨졌다. 왜냐하면 늙은 다빈치를 정성 껏 돌본 제자 프란체스코 멜치(Francesco Melzi. 살라이와는 반대로 정직하고 충직한 제자였다)에게 방대한 수기의 사후 관리를 위탁하고 살라이에게 포도밭을 남기는 등 유산을 자세히 기록한 유언장에 정작 그가 가장 애착을 느꼈을 작품 〈모나리자〉에 관한 이야기는 쏙 빠져 있기 때문이다.

그런데 이 작품이 다빈치가 살아생전 제자 살라이에게 선물했다는 주장이 옳다면 유언에 〈모나리자〉를 처분하는 일에 관해 언급하지 않는 것이 당연하다. 이 주장을 뒷받침이라도 하듯 최근 다빈치가 〈모나리자〉를 살라이에게 선물하고, 다시 프랑스 왕실이 살라이에게 거액을 지불하며 그 그림을 사들였다고 추정할 만한 문서가 확인되었다.

다빈치의 3년 치 연봉에 달하는 거액을 받고
프랑스 왕실에 팔린 〈모나리자〉

지금까지 학계에서는 레오나르도 다빈치가 가장 사랑한 〈모나리자〉가 평생 그의 곁에 있다가 그가 세상을 떠난 이후 프랑스 왕실에 유산으로 기증되었다는 주장이 정설로 받아들여졌다. 그러다가 프랑수아 1세가 살라이에게 거액의 돈을 지급한 기록이 발견되면서 이 정설이 뒤집혔다. 1990년대 말 프랑스 미술사가 베르트랑 제타(Bertrand Jestaz)가 발견한 기록을 통해서였다.

지급 명목은 그림값으로 기재되어 있고 지급액은 6,250리브르로, 다빈치가 프랑스 왕실의 비호를 받으며 머물렀던 그 3년의 기간 동안 받은 봉급 전액과 맞먹는 액수였다. 이 거액의 대가로 추정되는 그림이라고 한다면 역시 〈모나리자〉밖에 없다.

그림값 지급 시기는 레오나르도 다빈치가 세상을 떠나기 한 해 전이었던 것으로 보인다. 그런데 만약 이 자료가 〈모나리자〉를 양도한 기록이라면 다빈치의 유언장에 이 그림에 관한 언급이 없는 것이 당연하다. 이미 이 그림은 다빈치의 품을 떠난 후였을 것이기 때문이다. 얼마 후 다빈치를 프랑스 왕실에 남겨두고 고향으로 돌아간 살라이의 당시 자산 기록도 이 주장을 뒷받침해준다.

루브르 미술관, 프랑스국립박물관연합에서 발간한 『레오나르도 다빈치-모나리자(Léonard de Vinci-La Joconde)』(2003)에 이와 관련된 자세한 내용이 담겨 있다. 저자 세실 스카이에레(Cécile Scailliérez)는 루브르 미술관 회화 부문 주임연구원으로 20년 동안 〈모나리자〉를 담당한 책임자다. 이 책은 루브르 학예연구원이 담당 작품을 주제로 다룬 논문을 정리한 시리즈 도서 중 한 권이다. 이는 말하자면 〈모나리자〉의 루브르 미술관 공식 서적에 해당하는 셈으로, 책에 실린 주장은 신빙성이 매우 높다.

움직일 수 없는 그림을 움직이게 할 수 있어야 돈도 움직인다?

부동산 회화 〈최후의 만찬〉을 제작하며 레오나르도 다빈치는

레오나르도 다빈치, 〈노인과 젊은이 두상 소묘〉

1495~1500, 종이에 붉은 초크, 20.8×15cm, 우피치 미술관, 피렌체
오른쪽 젊은이는 미모의 제자 살라이를 모델로 그렸다고 전해진다.

완성 후 그림이 훼손되는 불운에 엎친 데 덮친 격으로 제작 도중에 생각하던 만큼의 보수를 받지 못해 경제적으로 궁핍해졌다.

밀라노 공작이 작업을 독촉하던 시기 전후로 레오나르도 다빈치가 공작에게 경제적 어려움을 호소한 편지가 남아 있다. 식객으로 숙식은 해결할 수 있어도 금전적으로 충분한 보상을 받지 못해 경제적으로 쪼들렸음을 알 수 있다. 이는 식객이라는 당시 예술가 후원 제도의 한계를 드러내는 내용이며, 비록 용돈 수준의 푼돈을 지급한다고는 해도 식객이라는 원조 시스템의 기본은 어디까지나 더부살이, 즉 고용인의 집에서 숙식을 해결하는 수준을 넘지 못했다. 그에 반해 동산 회화 〈모나리자〉는 처음부터 파격적인 경제적 평가를 받았으나 안타깝게도 그 엄청난 보수가 다빈치의 주머니로 들어가지 못했다.

레오나르도 다빈치의 이러한 운명을 알고 나면 '과연 예술가에게 성공이란 무엇인가'라는 점을 다시 한번 생각해보게 된다. 왕실 화가라는 식객 지위가 화가 경력의 정점을 의미하던 시대에서 화가가 시장에서 경제적 성공을 가늠할 수 있게 된 시대로의 이행기에 살았다는 점이 바로 이 천재에게 닥친 비극이었다. 만약 조금만 더 늦게 태어나 제대로 회화시장이 성립한 후 본격적으로 작품 활동에 나섰더라면 다빈치도 살아생전에 훨씬 많은 부와 명예를 누릴 수 있지 않았을까. 물론 작품 완성도에 집착한 그의 성정을 고려하자면 수정에 수정을 거듭하느라 납기가 늦어져 역시 불우한 삶을 살다가 생을 마감했을 수도 있겠지만 말이다.

화가는 움직일 수 없는 그림을 움직이게 함으로써 돈도 움직인다는 사실을 깨달아야만 성공할 수 있다. 레오나르도 다빈치는 고풍스러운 화풍에 머무른 화가였음에도 새로운 시대의 동산 회화 기법인 유화를 기존의 부동산 회화 기법인 프레스코화로 변형해 시도할 정도로 선구적인 혜안을 가진 인물이었다. 어쩌면 그는 시대를 너무 앞서간 천재였기에 불운했는지도 모르겠다.

어쨌든 부동산 회화 〈최후의 만찬〉과 동산 회화 〈모나리자〉라는 두 걸작을 미술사에 남겼다는 점에서 레오나르도 다빈치의 천재성은 증명된 셈이다. 아니, 여기서 한발 더 나아가 이 위대한 업적과 어깨를 나란히 할 수 있는 화가는 전 미술사를 통틀어서도 찾을 수 없을 정도다.

3

렘브란트는 왜
자기 그림을 모사하는
'가짜 그림'을 양산했나

17세기 네덜란드에서는 왜 다른 나라에는 없는
'집단 초상화'가 경쟁적으로 그려졌을까?

렘브란트 반 레인(Rembrandt van Rijn, 1606~1669)의 〈야경(The Night
Watch)〉(1642)은 미술사에서 흔히 '바로크'로 분류하는 17세기 미
술 가운데 특히 네덜란드 시민정신을 상징하는 명화로 유명하다.
페르메이르와 나란히 네덜란드 회화를 대표하는 거장이 그린 이
대작은 그림 속 등장인물 16명이 그림값을 갹출로 지불하는 방
식, 즉 '더치페이'라는 합리적인 시스템으로 화가에게 보수를 지
급했다.

가족과 직장 동료부터 군대까지 공과 사를 망라한 모든 공동체
구성원을 대상으로 하는 초상화는 어느 나라에서나 쉽게 찾아볼
수 있다. 그러나 이 작품처럼 수십 명의 인물이 등장하는 초상화
가 유행한 나라는 당시 네덜란드밖에 없었다. 집단 초상화는 네
덜란드 특유의 현상이었다. 주문자는 민병대, 동업자 조합, 병원

과 보육원 같은 복지 시설 관계자 등으로, 많을 때는 30~40명의 인물을 화폭에 담았다. 또한 인물을 등신대로 그린 작품도 적지 않았다. 수많은 등장인물을 대거 화면에 배치한 그림은 오늘날의 소형극장 스크린과 맞먹는 크기로, 규모 면에서도 대단했다. 〈야경〉도 세로 380센티미터, 가로 450센티미터 크기로 면적으로 환산하면 17제곱미터(약 5평)나 되는 당당한 대형 작품이다.

이러한 작품은 각 단체의 활동 거점이 되는 건물의 홀 등을 장식함으로써 현대의 관공서나 기업의 임원 사진처럼 구성원의 사회적 지위를 보여주는 홍보물 역할을 했다. 교회미술이나 궁정미술 시장이 사실상 존재하지 않는 네덜란드 공화국에서 집단 초상화는 거의 유일하게 공적 주문 방식으로 그려지는 그림이었다. 따라서 집단 초상화는 신흥국 네덜란드의 국민 회화로 자리 잡았으며, 독립을 쟁취한 후 새로 지어지거나 개축된 각지의 공공시설 벽은 마치 서로 경쟁이라도 하듯 집단 초상화로 도배되다시피 하여 전시장을 방불케 했다.

집단 초상화 유형은 크게 세 종류로 나눌 수 있다. 즉 민병대혹은 의용군이라는 군사 조직을 그린 작품, 각종 단체의 관리 조직, 이사회를 그린 작품, 그리고 해부학 강의를 그린 작품이다. 당시 가장 명성이 높았던 화가 렘브란트는 이 세 종류를 전부 주문받았다. 그리고 그가 그린 세 작품 모두 각 유형의 집단 초상화를 대표하는 명작 반열에 올랐다. 이중 렘브란트가 최초로 작업한 집단 초상화는 〈야경〉보다 10년 앞서 그린 〈니콜라스 튈프 박사의 해부학 강의(The Anatomy Lesson of Dr. Nicolaes Tulp)〉(1632)였다. 이 그림은 스물여섯 살 렘브란트가 그 명성을 확고히 다진 기념비적인 작품이다.

차기작 〈야경〉은 렘브란트가 인기 절정기를 맞이한 서른여섯 살에 그린 집단 초상화로, 프란스 바닝크 콕 대위와 부관 빌럼 반 라위텐뷔르흐 중사가 이끄는 암스테르담 민병대가 그 주인공이다. 이 그림은 후세에 가필된 데다 세월이 지나면서 상태가 계속 안 좋아져서 전체 그림이 밤처럼 어두워졌다. 그래서 〈프란스 바닝크 콕과 빌럼 반 라위텐뷔르흐의 민병대(The Shooting Company of Frans Banninck Cocq and Willem van Ruytenburgh)〉라는 긴 원제 대신 〈야경〉이라는 별명으로 더 널리 알려졌다.

그로부터 20년 후, 렘브란트가 쉰여섯 살에 그린 집단 초상화가 〈암스테르담 직물조합 간부들(Sampling Officials of the Drapers' Guild)〉(1662)이다. 이 세 점의 집단 초상화는 렘브란트의 청년기, 장년기, 노년기 작품의 경계를 보여주며 화가의 각 인생 시기를 대변한다. 첫 번째 작품 〈니콜라스 튈프 박사의 해부학 강의〉는 만년에 파산한 렘브란트에게 젊은 시절 한때 화려했던 영광을 떠올리게 하는 그림이다. 이 작품 수주 전후로 렘브란트의 행보에서는 장사 수완이 뛰어난 거장의 알려지지 않은 얼굴을 엿볼 수 있다.

렘브란트 반 레인, 〈야경〉
1642, 캔버스에 유채, 379.5×453.5cm, 암스테르담 국립미술관

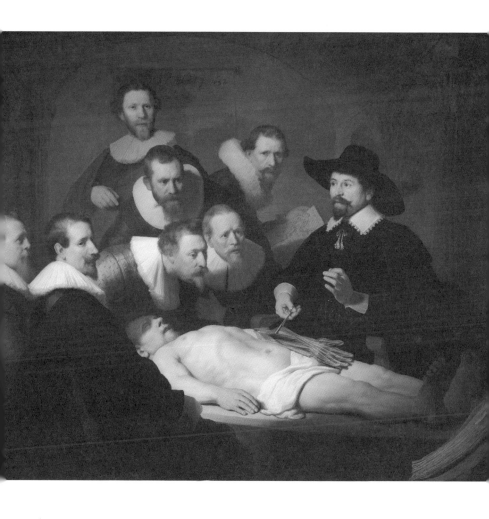

램브란트 반 레인, 〈니콜라스 튈프 박사의 해부학 강의〉

1632, 캔버스에 유채, 216.5×169.5cm, 마우리츠하위스 미술관, 헤이그

16~17세기 네덜란드엔 빵집, 푸줏간보다
화가 수가 훨씬 많았다는데?

1606년, 렘브란트 반 레인은 네덜란드 수도 암스테르담 남서쪽에 자리 잡은 도시 레이던의 제분업자 집안에서 태어났다. 스페인을 상대로 벌인 오랜 독립전쟁이 막바지에 다다랐을 무렵의 일이다. 렘브란트 어머니의 친정은 빵집을 운영해 생활했으며, 렘브란트는 십 남매 중 아홉째였다. 양가 부모 모두 상인 집안 출신이었기에 렘브란트는 장사 수완을 타고났다고 할 수 있다. 그의 집안 형편은 꽤 넉넉한 편이었다. 그는 학교에서 교양 과정이던 라틴어 수업을 마친 후 열네 살에 지역 화가의 화실에 들어가 삼 년간 화가 수업을 받았다.

당시 네덜란드 화가 공방은 실질적으로 학교 역할을 했기에 제자는 입문할 때 수업료를 내야 할 의무가 있었다. 르네상스 시대 이탈리아 미술 공방이 제자에게 임금을 지급하던 관례와 달리 바로크 시대 네덜란드 화가 공방에서는 제자가 수업료를 내고 그림을 배웠다. 이유는 간단했다. 당시 네덜란드에서는 이미 시민 회화시장이 확립되어 있었기에 공방은 일종의 직업전문학교 역할을 했다. 참고로, 그보다 1세기쯤 전에도 이미 도시마다 화가의 수가 빵집의 두 배, 푸줏간의 세 배를 웃돌았다는 기록이 전해진다.

크기가 커진 네덜란드의 회화시장은 화가가 개성을 브랜드로 내세워 경쟁하는 수준으로 성숙해졌다. 그리고 이름을 대면 누구나 알 정도로 유명한 화가로 성공하면 작품이 엄청난 액수에 거래되는 비즈니스 구조가 이미 확립되어 있었다. 또한 설령 큰 명성을 얻지 못했다고 해도 조잡하고 값싼 그림을 그려 팔거나 이탈리아 고전 명화 모조품, 인기 화가의 복제 소품을 그리기만 해도 화가로 충분히 생계를 꾸려나갈 수 있을 정도의 시장이 형성돼 있기도 했다.

화상(畵商), 즉 그림을 취급하고 거래하는 미술상도 다양한 유형이 존재했다. 오늘날의 화폐로 환산해 평균 1,000만 원대 작품을 취급하는 고급 미술품 화상부터 10만~20만 원대 작품 위주로 다양한 구색을 갖춘 대중적인 미술품 화상에 이르기까지, 회화시장을 활기차게 만든 네덜란드의 화상들은 폭넓은 계층의 시민 고객에 대응할 수 있는 능력을 갖추고 있었다.

당시 네덜란드를 방문한 한 외국인 여행자는 시장에서 화가가 시민과 농민에게 작품을 판매하는 모습을 보고 큰 충격을 받았다. 이러한 그림 열풍의 원인을 국토가 좁은 네덜란드에서 땅 투기를 할 수 없었기 때문이라고 추정하는 연구자도 있다. 그러나 저가 그림이 쏟아져 나와 과잉 공급으로 이어지며 마침내 그림 가격이 대폭락하는 등의 역사를 고려하면 투자 목적의 열풍 설은 논리적 개연성이 부족해 보인다.

투기 관점에서 본다면 그림보다는 당시 대유행한 튤립 알뿌리가 훨씬 큰 가격 변동으로 인한 높은 수익률을 기대할 수 있었다. 오늘날 미술관으로 변신해 관광객의 필수 코스가 된 렘브란트의 집은 그의 파산 요인 중 하나로 꼽힌다. 렘브란트의 호화로운 저택 감정가는 현재 화폐 가치로 환산해 10억 원도 넘는 수준이었는데, 거품이 전성기에 달했을 무렵 튤립 알뿌리 한 개가 렘브란트의 저택과 동일한 가격에 낙찰되기도 했다. 그러므로 당시 네덜란드에서 그림은 투자 상품이 아닌 국민적 인기를 구가한 소비재로 시장을 형성했다고 보는 것이 합리적이다. 화가는 성공하면 고소득이 보장되는 직업이었다. 그래서 화가가 되기 위한 수업료를 미래에 대한 투자로 보고 미술 공방에 기꺼이 수업료를 내고 입문했던 것이다.

렘브란트가 미술 공방에 들어갈 당시 수업료는 얼마 정도였을까? 정확히 알 수는 없으나 대략적인 수업료 시세는 정해져 있었다. 출퇴근하는 제자는 오늘날 기준으로 연간 200만 원에서 500만 원 정도, 공방에서 숙식하는 제자는 500만 원에서 1,000만 원 정도 수준으로 수업료 시세가 형성되어 있었다. 그랬기에 지역 화가를 선택한 렘브란트 집안에서 지출한 액수는 최소 일 년에 200만 원에서 300만 원 수준이었을 것으로 추정된다. 렘브란트도 자기 공방을 꾸린 후 제자에게 수업료를 받았는데, 그가 벌어들인 수업료 총액은 연간 2억 5,000만 원에 달한 것으로 알려져 있다.

렘브란트가 화가로 입문할 수 있었던 것은 그가 경제적으로 여유로운 가정에 태어났기 때문이다. 그런 면에서 그는 레오나르도 다빈치와는 사정이 달랐다. 다빈치의 경우 피렌체 화가 베로키오 공방에 입문했으나 이는 그가 서민 집안 출신이라 정규 라틴어 교육을 받지 못했기에 어쩔 수 없이 선택한 진로였다. 17세기 네덜란드에 살았던 렘브란트와 15세기 이탈리아에 살았던 다빈치는 똑같이 공방에서 그림 수업을 받았으나 입문 동기가 완전히 달랐다. 다빈치의 입문은 집안 형편이 넉넉하지 못해 일찍 돈벌이에 나설 수밖에 없었던 소년 가장과 비슷한 처지였고, 렘브란트의 입문은 명문 미대 진학을 위해 유명 입시 미술학원에 입학한 미대 입시 준비생과 비슷했다.

렘브란트가 거액의 돈을 투자한 아윌렌부르흐 공방이
모작과 위조로 돈을 버는 '가짜 그림 생산 공장'이었다?

지방 화실에서 그림을 배운 렘브란트는 암스테르담으로 상경해 이탈리아 회화의 극적인 명암 대비 기법을 배우고 고향으로 돌아와 본격적인 화가 활동을 시작했다. 스물세 살 무렵에는 네덜란드 총독 오라녀 공 집안의 비서이자 미술 고문이던 문인 정치가 콘스탄테인 하위헌스(Constantijn Huygens)가 유망한 신진 화가로 눈여겨볼 정도 수준으로 성장했다.

렘브란트는 이십 대 중반이던 1631년 말 암스테르담에 활동 거점을 마련했다. 흥미롭게도 렘브란트는 암스테르담으로 옮겨 온 뒤 어느 미술상에게 거액의 돈을 투자했다. 그 미술상은 미술학교를 열었던 헨드리크 반 아윌렌부르흐(Hendrick van Uylenburgh)라는 인물로, 렘브란트는 그에게 1,000길더, 오늘날 기준으로 환산하면 1억 원 상당의 금액을 투자했다. 선친의 유산으로 경제적 여유가 있었으나 그는 현금 대신 자신의 그림으로 투자금을 지불했다. 사실 당시 네덜란드에서는 렘브란트처럼 현금 대신 그림으로 비용을 지급하는 경우가 드물지 않았다. 페르메이르가 3년 치 빵값을 〈우유를 따르는 여인〉이라는 작품으로 값을 치른 것도 바로 그런 예다.

렘브란트는 자신이 투자한 아윌렌부르흐의 공방에서 기거하며 암스테르담에서 본격적으로 화가 활동을 시작했다. 한데 그 공방은 뭔가 수상한 구석이 있는 곳이었다. 몇 년 후 렘브란트가 자신의 공방을 경영할 때 참고한 비즈니스 모델은 좋든 나쁘든 암스테르담 시절 자신이 몸담았던 공방, 즉 미술상 아윌렌부르흐의 공방에서 영향을 받았다고 볼 수 있다. 이 공방에는 모작 혹은 위조로 돈을 버는 가짜 그림 생산 공장이라는 비밀이 숨겨져 있었다.

자신의 공방에서 자신의 모작품을 양산한 렘브란트

위작은 렘브란트가 투자한 아윌렌부르흐에게서가 아닌 그의 아들 대에 문제가 되었다. 그런데 그 수법이 워낙 치밀해서 그 아들 대에 급조한 것이라고 보기보다는 렘브란트도 관여한, 아윌렌부르흐가 경영하던 당시 이미 확립된 수법으로 보는 게 합리적이다. 설사 그게 아니라고 해도 최소한 그 시대에 위작 제작 공정을 갖춰놓았을 것으로 추정된다.

아윌렌부르흐는 암스테르담 부유층에 풍부한 인맥을 가진 미술상으로 각계각층의 탄탄한 고객을 확보하고 있었다. 돈 욕심이 많았던 그는 개성적인 화가를 육성하기보다는 인기 있는 화가의 작품을 감쪽같이 모사하는 능력을 발휘할 수 있는 제자를 기르는 일에 온 힘을 쏟았다. 그는 인기 화가나 이탈리아 고전 회화 모작이나 위작 사업 분야에서 기반을 탄탄히 다졌다. 뒤집어 생각하면 당시 네덜란드에는 모작 브랜드로도 충분히 이익을 창출할 수 있을 정도로 화가의 개성이 상품으로서 가치를 인정받는 성숙한 시장이 형성돼 있었다고 볼 수 있다. 당시 네덜란드 대중은 그림을 구매할 때 이미 화가라는 브랜드를 중요한 기준으로 놓고 선택했다. 훗날 렘브란트도 자신의 공방에서 자신의 모작품을 양산했는데, 아윌렌부르흐 공방에 몸담았던 시절 배운 기법에서 영향받았다고 추정된다.

아윌렌부르흐가 개발한 얄팍한 상술은 거물 미술상이 된 아윌렌부르흐의 아들 대에 들통이 났다. 신성로마제국 군주 선정을 위한 투표권을 가진 베를린의 브란덴부르크 선제후에게 수십억 원어치 이탈리아 회화 수십 점을 매각했는데, 작품을 받은 선제후가 화가에게 감정을 의뢰한 결과 모두 모작으로 판정되는 바람에 작품이 대량 반품되는 사태가 벌어졌다. 이 사건으로 돈과 신용을 모두 잃은 아윌렌부르흐는 암스테르담 시의회에 재감정을 제소해 받아들여졌다. 여기에서는 어떤 결과가 나왔을까? 놀랍게도 이번엔 모두 진품이라는, 베를린과 정반대 판결이 내려졌다.

미술품에 대한 두 국가의 진위 논쟁은 평행선을 달렸으며, 그 과정에 아윌렌부르흐는 파산했다. 당시 네덜란드에서는 아윌렌부르흐의 수법을 벤치마킹한 비즈니스가 횡행해 모작 금지령이 내려지기도 했다.

미술상이 그럴 듯한 말로 구워삶으면 어리숙한 시민 고객은 그 말을 무작정 믿고 그림을 샀다. 당시 시민 고객은 왕족이나 귀족과 달리 회화 상품 지식을 몇 세대에 걸쳐 축적하지 못한 터라 아직 진품을 보는 제대로 된 안목을 갖추지 못했기 때문이었다. 또 작품이 겉보기에 그럴듯하고 가격이 합리적인 수준이라면 오히려 모작과 위작을 환영하는 분위기라서 당시 네덜란드에서 양산되고 거래된 회화의 절반 가까이는 어떤 의미에서 복제 상품이었다고 추정하는 학자도 있다.

렘브란트가 아월렌부르흐의 무엇을 보고 거액의 돈을 투자했는지는 알 수 없다. 어쨌든 제분업자 집안에서 태어난 그는 일정 수준의 상업 지식을 갖추고 있었으며, 회화를 양산하는 공방 시스템에서 사업 가능성을 발견했다고 볼 수 있다. 스물여섯 살 렘브란트가 최초 집단 초상화인 〈니콜라스 튈프 박사의 해부학 강의〉를 주문받은 것은 그가 아월렌부르흐 공방에 몸을 의탁한 이듬해의 일이다.

신인 화가였던 렘브란트가 외과의사 조합의
집단 초상화 의뢰를 받은 데에 아월렌부르흐의
정치적 영향력이 한몫했다는 의혹은 사실일까?

해부학 강의 장면을 그린 〈니콜라스 튈프 박사의 해부학 강의〉는 암스테르담 외과의사 조합 간부와 위원장을 그린 기념 초상화다. 암스테르담 외과의사 조합은 렘브란트에게 왜 이 그림을 의뢰했을까? 1587년 의대 강당에서 위원장의 해부학 강의를 개설한 이후 1800년까지 역대 위원장의 강의 풍경을 그림으로 그려 영예를 기리고자 하는 취지에서였다.

렘브란트가 그린 튈프 박사는 제4대 위원장을 지내면서 동시에 시의 재무위원장 8기, 시장을 4기나 역임한 명사였다. 이 그림이 호평을 얻은 덕분에 렘브란트는 밀려드는 초상화 주문으로 가장 성공적인 시기를 보냈다. 젊은 인기 화가 렘브란트는 1634년에 사스키아 반 아윌렌부르흐(Saskia van Uylenburgh)와 결혼했다. 그녀는 아윌렌부르흐의 육촌 형제이자 당시 암스테르담 북동부의 낙농 도시 레이우아르던의 전 시장 딸이다. 렘브란트는 신부의 인맥과 거액의 지참금에 힘입어 화가로서 활동 무대를 한층 넓힐 수 있었다.

렘브란트는 공방을 열고 많은 제자를 거느리며 회화와 판화 제작은 물론이고 화상까지 경영했다. 그러다가 방만한 경영으로 파산했으며, 엎친 데 덮친 격으로 화가로서의 인기도 봄눈 녹듯 시들어갔다. 이후 그는 만년에 완전한 빈털터리가 되어 배우자와 자식을 먼저 떠나보낸 채 고독하게 살다가 쓸쓸히 생을 마감했다.

만년에 박복했던 화가 렘브란트에게 가장 행복했던 시기는 바로 〈니콜라스 튈프 박사의 해부학 강의〉를 그리던 시절이었을 것이다. 이 작품을 주문받은 시점은 렘브란트가 암스테르담으로 활동 거점을 막 옮겼을 때였다. 젊은 신진 화가에게 유서 깊은 외과 의사 조합이 집단 초상화를 의뢰하는 일은 매우 이례적인 것으로 그의 탁월한 실력을 믿고 맡긴 파격적인 예우였다. 그런데 그 그림을 수주하기 전 렘브란트의 행보에는 뭔가 묘한 꿍꿍이가 있어

보인다.

그해에 디르크 바스(Dirck Bas)가 선거에서 승리하고 암스테르담 시장으로 취임했다. 이 선거에서 아윌렌부르흐는 자신이 가진 막강한 재력과 영향력으로 조직표를 동원해 디르크 바스가 승리하는 데 결정적으로 기여했다. 그리고 당시 렘브란트는 아윌렌부르흐에게 투자하고 있었다. 이후 묘하게도 아직 풋내기 화가에 지나지 않던 렘브란트는 오랜 전통을 자랑하는 외과의사 조합의 집단 초상화를 의뢰받았다. 그런 까닭에 암스테르담 시장 선거에서 큰 공을 세운 화상에게 렘브란트가 거액의 돈을 투자하고 해당 시 외과의사 조합 초상화 화가로 그를 이례적으로 발탁한 일 사이에 뭔가 관련이 있을 것으로 보는 학자들이 있다. "아니 땐 굴뚝에 연기 나랴"라는 속담대로 앞뒤 정황을 고려하면 충분히 설득력을 갖는 추리라고 본다.

참고로 〈니콜라스 튈프 박사의 해부학 강의〉의 주인공 튈프 박사의 본명은 클라스 피터르손(Claes Pieterszoon)이다. '튈프'는 네덜란드어로 '튤립'을 말하는데, 그의 생가에서 튤립 경매가 정기적으로 열리면서 본명보다 '튈프'라는 별명으로 더 알려졌다. 튈프 박사의 저서 『의학 관찰(Observationes Medicae)』(1641)에는 우울증으로 고민하는 한 예술가의 병리를 소개하는 내용이 나온다. 연구자들은 이 환자를 렘브란트로 추정한다. 이 책은 〈야경〉이 그려지기 한 해 전에 출간되었다.

렘브란트의 최고 성공작으로 손꼽히는 〈야경〉은
어떻게 탄생했나

〈야경〉과 같은 유형의 민병대 초상화는 16세기 중반부터 그려지기 시작해서 최초의 집단 초상화 열풍을 일으켰다. 민병대는 네덜란드 각 도시가 경제적으로 번영하기 시작한 15세기 중반에 조직된 시민 자경단이다. 애초 그것은 각자 생업을 가진 지역 유지들이 참여한 군사 조직이었으나 16세기 말에는 사교 모임으로 성격이 바뀌었다.

민병대는 스페인과의 독립전쟁 초기에 실전에서 크게 활약했다. 1570년대의 일이다. 그들의 영웅적 업적으로 군사적 가치를 높이 평가받아 한때 모든 국민에게 병역 의무를 부과하는 제도가 검토되기도 했다. 그러나 당시 네덜란드는 국제무역으로 막대한 수익을 올리고 있던 터라 용병을 고용해 국방력을 충분히 유지할 수 있었다. 그 덕분에 정부는 주요 전력을 용병에게 맡기고 대다수 국민은 생업에 힘쓰는 방향의 정책을 채택했다.

그에 따라 자연스럽게 각 도시의 민병대도 성격이 바뀌었다. 즉, 실제 전투에 투입되는 전투력보다 사회 결속의 상징으로 여겨지게 되었으며 행진과 무술대회 등 기념행사에 등장해 시민의 연대감을 형성하고 결속력을 키워주는 일종의 '도구'로 활용되었다. 독립을 달성한 후 네덜란드는 군주제가 아닌 의회제를 채택

해 국정 기반을 '가정'에 두는 국가를 만들었다.

네덜란드에서 집단 초상화는 시민의식의 상징으로 자리 잡았다. 이 나라에서 집단 초상화는 개인의 정체성이 왕가와 교회에 대한 충성이 아닌 공동체에 대한 귀속으로 확립됨을 의미했다. 과거 '기도하는 사람'과 '싸우는 사람'에게 종속되었던 '일하는 사람'이 종교개혁을 계기로 모국어로 번역된 성경을 읽으면서 '기도하는 사람'으로 거듭났고, 독립전쟁을 계기로 무기를 손에 든 '싸우는 사람'으로까지 변신하는 신흥국가를 상징하는 그림이 바로 집단 초상화였다. 렘브란트가 시민으로 이루어진 민병대의 집단 초상화인 〈야경〉 주문을 받은 시기는 화가로서 인기가 정점에 달했던 삼십 대 중반이었다.

〈야경〉의 정식 제목은 〈프란스 바닝크 콕과 빌럼 반 라이텐뷔르흐의 민병대〉다. 이 그림이 좋은 평가를 받지 못해 렘브란트는 만년에 불우한 시절을 보냈다는 것이 통설이지만, 이는 사실과 다르다. 실제로 이 작품은 오랜 기간 암스테르담 화승총 조합 본부의 대형 응접실에 걸려 있었는데, 발주자 대표였던 콕 대령도 이 그림의 완성도에 매우 만족해하며 자신의 앨범에 수채화로 〈야경〉을 모사해 보관할 정도로 애지중지했다고 한다.

렘브란트는 가운데에 있는 대장과 부관을 따르는 대원이 출전하는 순간을 무대의 한 장면처럼 극적으로 그려내 다른 화가의 작품에서 흔히 볼 수 있는 딱딱한 자세, 표정과는 차원이 다른 새로운 양식을 만들어냈다.

당시 일반적인 집단 초상화는 모델들이 갹출로 그림값을 냈다. 자기 몫의 그림값을 낸 만큼 모델이 된 사람들은 모두가 공평하게 다루어지기를 바랐기에 렘브란트의 작품처럼 주인공과 다른 등장인물이 명백히 나뉘는 극적인 방식으로 연출하는 경우는 거의 없었다.

골프 회원권보다 저렴했던 '더치페이' 그림값

당시 암스테르담 민병대는 궁수 부대, 석궁 부대, 화승총 부대 등 무기 별로 20개 분대로 나뉘어 있었다. 〈야경〉은 여섯 번째 부대였던 화승총 부대의 한 소대 구성원인 16명을 묘사했다. 이 그림이 부대의 무기인 화승총에 경의를 표하고, 조작 순서를 보여주는 일종의 '매뉴얼' 역할을 했다고 주장하는 연구자도 있다. 렘브란트는 대장 오른쪽에 화약과 탄환을 총에 장전하는 대원을 그리고, 대장 뒤로 총을 발사하려는 조준 자세를 취한 대원을 그렸다. 그리고 부관 뒤로는 총을 발사한 후 총에 입김을 불어 불을 끄는 대원을 그렸다. 또 대장과 부관 사이에 그려진 총구에는 섬광과 초석으로 보이는 물체가 있는데, 뒤의 인물이 화들짝 놀라며 몸을 사리는 듯한 몸짓을 보여준다. 그러나 이 주장을 뒷받침하

렘브란트 〈야경〉 부분

화면 왼쪽부터 순서대로 총구로 화약을 밀어 넣는 모습, 발사하는 모습, 화승에 불을
끄는 모습을 그려 화승총 매뉴얼 역할을 했다고 주장하는 연구자도 있다.

는 발언이나 기록을 찾을 수는 없어 이른바 '매뉴얼 설'은 학계에서 정설로 받아들여지지 못했다.

다만 그림 대금에 관해서는 기록이 있다. 대원 16명이 1인당 평균 100길더를 냈다는 영수증 자료를 확인할 수 있다. 비록 인물 위치와 크기로 액수가 달라졌을 수도 있겠으나 다른 대원보다 눈에 띄게 부각되어 그려진 대장과 부관이 낸 대금을 합산한 평균 금액인지는 확인할 수 없다. 아무튼 렘브란트가 받은 사례비가 최소한 1,600길더 정도였다는 사실은 분명하다.

시대마다 사람마다 소비 습관이 달라서 현재의 화폐로 환산하기는 어려우나 당시 소 한 마리 값이 90길더였으니 그림값인 1,600길더는 소 18마리 값에 해당하는 만만치 않은 금액이다. 어림잡아 1,000만 원 상당의 금액을 각자 부담한 덕분에 요즘 골프 회원권보다 저렴하게 자기 모습이 담긴 그림을 공동 소유하며 감상할 수 있었다.

렘브란트가 받은 금액은 17제곱미터 그림에 대한 사례로 5,000만 원에서 2억 5,000만 원 사이였다는 계산이 나온다. 이는 당시 기준 일류 화가가 일반적으로 받는 금액의 두 배 정도 수준이다. 그러나 만일 요즘 〈야경〉이 경매에 매물로 나온다면 아마도 5,000억 원을 훌쩍 넘길 가능성이 크므로 민병대는 파격적인 할인 가격으로 그림을 발주한 셈이다. 이 작품은 화승총 조합 본부에 70년 남짓 동안 걸려 있었다.

화승총 조합은 조합 체제를 갖추고 있어도 조합원은 직업 군인이 아닌 각자 다른 생업에 종사하는 지역 유지 집단으로 기념행사나 경기가 없는 시기에는 친목을 다지기 위해 연회가 활동의 중심이었다. 렘브란트 이외의 다른 화가들이 그린 의용대의 집단 초상 대다수가 흥겨운 연회 모습을 묘사한 것도 그 때문이다. 〈야경〉에 그려진 화승총 부대원의 본업은 대부분 포목상으로, 렘브란트의 마지막 집단 초상화가 된 〈암스테르담 직물조합 간부들〉은 이 포목상 동업자 조합의 발주를 받아 그린 것이었다.

'경제적 성공'이 가장 큰 미덕으로 여겨졌던
17세기 네덜란드에서 경제적으로 파산한 렘브란트

〈암스테르담 직물조합 간부들〉 작품을 주문받음으로써 렘브란트는 해부학 강의, 의용대, 단체 관리직이라는 세 종류의 집단 초상화 분야에서 모두 걸작을 남기게 되었다.

동업자 조합 등의 관리직을 그린 집단 초상화는 '레건트화(Regentenstuk, 영어로 Regents group portrait)'라고 불렸다. 관리직을 뜻하는 네덜란드어 '레건트(Regent)'는 '엘리트 시민'과 동의어다. 동업자 조합, 병원 등의 자선단체 혹은 교육기관 등의 관리직 위원회에는 경제적 성공을 거둔 시민이 추대되는 경우가 많았다. 당시 네덜란드에서는 경제적 성공이 '인덕(人德)'을 의미했으며, 노후의 빈곤은 나태함의 증거로 여겨져 도덕적으로 비난받았기 때문이다.

장년기에 대단한 성공을 거두고 만년이 다 되어 파산한 렘브란트에게 쏟아지는 세간의 시선이 싸늘했던 것도 바로 그런 연유에서였다. 그의 만년 청빈이 고독한 예술가의 증거로 찬사의 대상이 된 것은 근대에 들어서고 나서부터였는데, 19세기 파리가 내일을 꿈꾸는 젊고 가난한 예술가의 성지가 되면서 가난이 예술의 밑거름으로 여겨지기 시작했기 때문이다.

최초의 '헤게모니 국가'라는 대단한 위업을 달성하며 풍요로움을 누린 17세기 네덜란드에서 경제적 성공이야말로 가장 큰 미덕으로 여겨졌다. 이 시대에 주요 요직은 엘리트 시민 계급이 차지했고, 독립 이전부터 존재한 귀족 가문을 계승한 옛 엘리트 계층을 대신해 부유한 상인계급이 정치적 실권을 행사하게 되었다. 경제적 성공을 배경으로 새로운 특권층이 된 부유한 상인계급은 관직을 세습화함으로써 부와 권력의 계승 수단을 확보했으며 구시대 귀족에 뒤지지 않는 사회적 특권을 누렸다. 상인 귀족이라고 할 수 있는 이 새로운 특권층이 후원자가 되어 다른 나라에 비해 적어도 100년 이상 앞서가는 네덜란드 시민 회화시장을 형성했다.

새로운 지배자가 된 상인 귀족에게 네덜란드의 집단 초상화

렘브란트 반 레인, 〈암스테르담 직물조합 간부들〉

1662, 캔버스에 유채, 191.5×279cm, 암스테르담 국립미술관

〈야경〉의 의용대가 속한 직물조합에서 주문한 작품이다.

는 자부심의 증거로 각 단체의 본부 홀과 임원실을 장식했다. 그러나 렘브란트가 최후의 집단 초상화를 주문받을 무렵 세계무역으로 엄청난 번영을 구가하던 네덜란드의 경제가 삐걱거리기 시작하면서 렘브란트의 경제상황도 본격적으로 내리막길에 들어섰다.

만년에 불운이 끊이지 않았던 대화가의 일생

〈암스테르담 직물조합 간부들〉은 렘브란트가 쉰여섯 살에 그린 작품이다. 즉 〈니콜라스 튈프 박사의 해부학 강의〉보다 30년 후에 그려진 작품이다. 〈암스테르담 직물조합 간부들〉은 수수한 화풍이지만 인물의 생기를 생생하게 묘사했다는 점에서는 기존에 렘브란트가 그린 집단 초상화 두 점을 뛰어넘는다.

억제된 자세이지만 당장이라도 살아 움직일 듯 생동감이 감도는 이 화면에는 오늘날 훌륭한 보도사진을 연상시키는 다큐멘터리 같은 품격이 부여되었다. 나이를 먹어가면서 렘브란트의 화풍은 한층 원숙해졌으나 그의 경제 상황은 나날이 궁핍해졌다.

렘브란트에게 가장 행복한 시기는 언제였을까? 아마도 미술상 아윌렌부르흐의 친척 사스키아와 결혼하고 난 후 10년 남짓한 기간이 아니었을까? 렘브란트는 〈니콜라스 튈프 박사의 해부학 강의〉를 그리고 나서 2년 후 결혼해 아내의 두둑한 지참금과 인맥을 활용해 큰 성공을 거두었다. 그리고 거액의 밑천이 생기자 미술상이 되어 투기 열풍에 뛰어들기도 했다. 그는 거기서 한발 더 나아가 왕성한 수집 욕구를 제어하지 못한 채 거액의 돈을 투자해 그림과 골동품을 사들이기 시작했다. 그때는 네덜란드의 튤립 거품이 정점으로 치닫던 시기였다. 그로부터 4년 후 렘브란트는 '사스키아가 자기 아버지의 유산을 모두 탕진했다'고 비난하는 사스키아의 친정 식구들을 명예 훼손 혐의로 고소했다. 사실 가산을 탕진한 장본인은 사스키아가 아닌 렘브란트 자신이었다.

어쨌든 그 무렵 렘브란트의 화가로서의 인기는 바야흐로 절정기에 달해 있었다. 그로부터 4년 후 그는 훗날 불후의 명작으로 천문학적인 금액에 거래되는 〈야경〉을 수주했는데, 불운하게도 그해에 아내 사스키아가 결핵으로 사망해 홀아비가 되었다. 그리고 그와 함께 렘브란트의 운명도 가파른 내리막길에 접어들어 굴러떨어지기 시작했다. 엎친 데 덮친 격으로 그는 유모로 고용한 하녀에게 혼인 빙자 간음으로 고소를 당하는 불운까지 겪었는데, 그녀를 재생 시설에 감금하는 등 인격적으로 비난받을 만한 행동을 하기도 했다. 이후 렘브란트는 1652년에 발발한 영국-네덜란드 전쟁으로 인해 네덜란드 경제가 급격히 쇠퇴하며 미술 시장이 치명적인 타격을 받자 거액의 빚더미에 올라앉았다. 그의 나이 마흔여섯 살 무렵의 일이다.

렘브란트 반 레인, 〈헨드리키에 스토펄스 초상〉

1654, 캔버스에 유채, 74×61cm, 루브르 미술관, 파리

렘브란트 만년의 반려자이던 헨드리키에 스토펄스는 정식으로 혼인하지 못해 심문회에
소환되었다.

렘브란트는 빚더미에 앉은 늙은 화가를 끝내 버리지 않고 헌신적으로 도운 하녀 헨드리키에 스토펄스(Hendrickje Stoffels)의 정성 어린 뒷바라지를 받으며 지냈다. 그는 그 물심양면의 빚을 어떻게든 갚고자 했으나 마음처럼 되지 않았다. 그리고 안타깝게도 두 사람은 가정을 국가의 근본으로 여길 뿐 아니라 부부관계 윤리에 매우 엄격한 칼뱅파 교회로부터 정죄의 대상이 되었다. 부도덕한 행위가 문제되어 심문회에 소환당한 헨드리키에는 교회 예배 참석을 금지당해 '지상에 존재하는 하나님의 왕국'에서 추방되는 벌을 받기도 했다. 렘브란트는 재혼을 할 수도 없는 처지였다. 왜냐하면 세상을 떠난 아내 사스키아가 남편의 유산을 노리고 구혼하려는 여자들에게서 남편을 지키기 위해 남긴 유언 내용 때문이었는데, 그것은 바로 렘브란트가 새로운 결혼을 할 경우 사스키아가 남긴 모든 재산을 잃게 되는 조항이었다.

렘브란트는 아내가 남긴 유산에 손을 댈 수 없었기에 그동안 수집한 미술품과 자산을 처분해 빚을 갚으려 했다. 그러나 총 평가액이 예상액을 훨씬 밑돌아 빚을 청산할 수 없었다. 그로부터 얼마 후 헨드리키에는 렘브란트의 아들 티투스와 공동명의로 미술상을 개업하고 오십 대 중반의 렘브란트를 직원으로 등록했다. 이는 렘브란트를 채권자 추심에서 지키고자 하는 조치였다. 그러나 렘브란트의 불운은 끝나지 않았다. 그로부터 3년 후 헨드리키에가 페스트로 세상을 떠나고 아들 티투스도 5년 후 사망했다. 육십 대에 접어든 렘브란트는 완전히 홀로 남겨졌다. 렘브란트의 마지막 집단 초상화인 〈암스테르담 직물조합 간부들〉은 엄청난 액수의 부채에 허덕이던 화가가 반려자를 잃기 한 해 전에 〈야경〉을 그렸던 조합에서 의뢰받은 작품이었다.

렘브란트는 왜 '렘브란트풍' 그림을 양산했을까?

렘브란트의 야심작 〈야경〉이 호평을 얻지 못하며 불우한 만년으로 이어졌다는 전설 같은 이야기가 만들어졌다. 의용대도 아닌 소녀를 화면 한복판에 그리고 어두침침한 배경에 묻힌 얼굴이 분간도 안 가게 그리는 바람에 그림값이 아깝다며 모델이 되었던 의용대의 불만이 빗발치듯 쏟아졌고, 그로 인해 결국 그의 인기가 시들해졌다는 소문도 돌았다. 이러한 이야기를 지금도 믿는 사람이 많은데, 사실은 정반대였다. 만년의 화가에게 마지막 집단 초상화를 의뢰하며 구원의 손길을 내민 것은 바로 〈야경〉 화면에 그려진 의용대원 대다수가 소속된 포목상 동업자 조합이었기 때문이다.

다만 렘브란트 특유의 장엄한 화풍이 시류에 맞지 않게 되었다는 지적은 사실이다. 좀 더 구체적으로, 시대의 기호가 밝고 화려한 분위기로 이행함에 따라 어두침침하고 진지한 그의 화풍은 시장에서 선호도가 떨어지게 되었기 때문이다. 시장이 렘브란트의 그림을 외면한 데는 화가 자신의 잘못도 있다. 즉, 전성기에 그가 자신의 공방에서 양산한 이른바 '렘브란트풍'으로 그려진 유사 작품의 공급 과잉이 사태를 악화시켰기 때문이다.

그렇다면 렘브란트는 왜 '렘브란트풍' 그림을 양산했을까? 그 것은 그가 자신이 직접 그린 작품으로만 생계를 꾸려나가기보다 공방에서 조직적으로 생산한 '렘브란트풍' 작품을 계획적으로 판 매하는 편이 경제적 성공과 직결된다는 합리적인 판단에 따른 것 이었다. 그러나 어쨌든 이러한 생산 방식으로 세상에 나온 '렘브 란트풍' 작품이 '렘브란트 아류'로 복제 상품 취급을 받았을 가능 성이 크다는 지적도 무시할 수는 없다.

렘브란트는 미술사를 통틀어 가장 먼저 '화가 브랜드화'의 가 능성에 주목하고 전략적으로 그 가능성을 현실화하기 위해 노력 한 화가였다. 그럼에도 자기 작품을 모작해 아류작을 양산하는 방식의 전략은 명확히 잘못된 선택이었다. 렘브란트의 경영 전략 에는 다분히 수수께끼에 싸인 듯한 부분이 있다. 그가 아윌렌부 르흐 공방에 몸담았던 시기에도 자기 원화를 공방 화가에게 모사 하게 하여 판매한 흔적이 있다. 당시 모사 작품은 후세 애호가와 연구자에게는 고민거리였는데, 아직도 그것을 진품으로 굳게 믿 으며 소장하는 애호가도 있다고 한다.

렘브란트는 분명히 시대를 앞서가는 예술가였으나 여전히 명확히 이해되지 않는 부분도 적지 않다. 그는 성공을 위해 선택했던 경영 전략이 결국 제 꾀에 제가 넘어가는 식으로 실패하면서 만년에 궁핍하고 쓸쓸한 죽음을 맞이했다. 경제적 성공이 미덕으로 여겨지던 당시 네덜란드에서는 불명예스러운 임종이었다.

그러나 대가는 역시 마지막 순간까지 대가다웠다! 만년에 그려진 자화상 연작이 회화사에서 유례를 찾아볼 수 없는 고독한 초상화의 새로운 분야를 개척하며 집단 초상화와 함께 자화상으로 미술사에 또 한 번 굵직한 획을 그었기 때문이다.

오늘날 선풍적 인기를 끄는 휴대전화 자화상 사진
'셀피'의 원류를 17세기 네덜란드 자화상,
특히 렘브란트 자화상에서 찾는 이유

네덜란드는 우상숭배를 금지한 「십계명」을 엄격하게 지킨 대표적인 프로테스탄트 국가였다. 그런 네덜란드가 렘브란트와 고흐라는 근세와 근대를 대표하는 자화상의 거장을 배출한 것은 결코 우연이 아니다. 왜 그럴까? 자화상은 네덜란드 회화의 본질을 대변하는 특별한 양식이기 때문이다.

"네덜란드 시민 회화는 네덜란드인의 자화상이다." 19세기 프랑스 작가이자 화가이던 외젠 프로망탱(Eugène Fromentin)이 한 말이다. 그에 따르면 네덜란드 화가는 종교개혁 이후 더는 성상을 숭배하지 않게 된 시민을 위한 그림을 그린다는 난관에 봉착하게 되자 그 해결책으로 네덜란드 시민의 자화상을 찾아냈다.

종교개혁 이전의 교회미술은 신과 성인을 그렸으며, 궁정미술은 왕과 귀족을 그렸다. 그에 반해 17세기 네덜란드 시민 회화는 평범한 사람들의 일상적인 모습을 그림으로써 대중이 시선을 집중해야 하는 대상은 자신이 발을 딛고 사는 삶의 현장, 즉 현실이라는 점을 일깨웠다. 또 그 현실이 교회미술과 궁정미술을 능가하는 아름다움을 가지고 있음을 깨닫게 해준 완전히 새로운 양식의 회화였다.

그때까지 성인과 귀족만이 화면의 주인공 자리를 차지했던 회화에 이름 없는 시민이 등장하기 시작한 일은 미술품의 주제에서 성역과 세속의 입장이 완전히 바뀌었음을 의미한다. 또한 과거에는 볼 수 없는 측에 있던 사람들이 화면의 주인공이 된 현상은 마치 오늘날의 셀피(Selfie, 자화상 사진)와도 같은 극적인 주객전도 현상으로 볼 수도 있지 않을까.

권위와 역사를 자랑하는 옥스퍼드 영어사전이 '셀피'를 정식 단어로 등재했다. 2013년의 일이다. 우리나라에서는 흔히 '셀카'라고 부르는 현대인의 자화상을 거슬러 올라가면 17세기 네덜란드 시민의 자화상에 이르게 된다. 현대의 셀피가 카메라 달린 휴대전화기의 보급으로 유행하기 시작했듯 네덜란드 자화상의 발전은 북유럽 거울 제조기술 발전과 관련이 깊다.

평생 거울을 가장 자주 들여다본 화가를 한 사람 꼽으라면, 단연 렘브란트가 아닐까. 그가 14년 동안 그린 자화상은 유화와 판화, 소묘를 망라해 무려 100여 점에 달한다. 그는 왜 그토록 많은 자화상을 그렸을까? 추측하건대, 초반에는 자기 얼굴을 소재로 트로니 같은 습작을 그리면서 형성된 습관이었을 가능성이 크다.

렘브란트의 자화상에는 희로애락의 표정이 담겨 있으며, 일부 그림은 화가로서의 자부심도 간직하고 있다. 그러던 것이 점점 더 내향형이 되고 깊은 우울감을 띠기 시작한 것은 그의 나이 오십 대를 눈앞에 두고 있을 무렵이었다. 좀 더 구체적으로, 렘브란트가 막대한 빚에 허덕이며 그의 연인인 헨드리키에가 교회에서 추방당하는 수모를 겪을 무렵의 일이다.

렘브란트의 화풍은 차츰 농밀한 우울감이 감도는 가운데 어둠 속에서 자신의 얼굴이 스포트라이트를 받고 떠오르는 분위기의 자화상으로 변모해갔다. 그림 속 그의 얼굴을 비추는 스포트라이트를 흔히 '렘브란트의 빛'이라고 부른다. 만년에 비애의 구렁텅이에서 그려진 그림에서 그의 얼굴은 인간 세상에서 누구나 겪는 희로애락을 모두 초월한 독자적인 경지에 이르렀다. 렘브란트가 만년에 그린 자화상은 회화가 인간에게 쏟은 가장 심원한 시선의 선물이라고 할 수 있지 않을까.

그것은 화가가 타인으로서의 성인과 왕족을 그리는 동안에는 절대로 얻을 수 없었던 독자적이고도 자부심 넘치는 시선이다. 말하자면 그것은 우상숭배를 금한 종교개혁이라는 위기를 오히려 기회 삼아 회화가 이름 없는 평범한 인간을 그리기 시작하면서 화가가 얻은 '오롯이 인간을 향한 시선'이었다. 그러므로 렘브란트의 자화상은 네덜란드를 대표하는 자화상인 동시에 '인간 자신의 자화상'이 될 수 있었다.

렘브란트 반 레인, 〈예순세 살 자화상〉

1669, 캔버스에 유채, 86×70.5cm, 런던 내셔널갤러리

애수라고도, 자포자기라고도 할 수 없는, 렘브란트 자신의 묘한 표정이 담겨 있다.

4

메디치 가문 지하 금융의
도움이 없었다면
르네상스도 없었다?

메디치 은행을 유럽 최고 은행으로 키운
뛰어난 경영자 코시모 데 메디치가 교회와 예술 후원에
그토록 열성적이었던 숨은 이유

오늘날 '예술 후원'의 좋은 본보기처럼 받아들여지는 메디치 가문은 알고 보면 오히려 예술에 의해 보호받은, 즉 예술을 매우 유용한 보호막으로 활용한 영리한 가문이다.

피렌체 서적상 베스파시아노 다 비스티치(Vespasiano da Bisticci)는 자신이 거래하던 메디치가에 관한 전기를 남겼다. 여기에 소개하는 에피소드는 그 책에 나오는 내용이다. 로마 교황 에우게니우스 4세(Pope Eugenius IV, 재위 1431~1447)가 피렌체를 방문했을 때의 일이다. 메디치가의 주요 인물로 메디치 가문이 세운 은행을 유럽 최고의 대은행으로 키운 뛰어난 경영자 코시모 데 메디치(Cosimo de' Medici, 1389~1464)는 마음의 안식을 얻으려면 어떻게 해야 하는지 교황에게 조언을 구했다. 코시모는 왜 교황에게 그런 조언을 구했을까? 자신이 저지른 '불미스러운' 행실로 인한 양심의 가책으로 마음이 말할 수 없이 괴로웠기 때문이다.

코시모가 저지른 '불미스러운 행실'이란 뭘까? 흔히 생각하기 쉬운 성적 타락, 문란한 취미나 행위가 아니라 메디치 가문의 생업이던 금융 사업상의 부도덕함을 의미한다. 당시 기독교가 금지한 이자 징수, 즉 금융업으로 막대한 부를 축적한 코시모는 교황을 알현해 죄를 사면받고자 했다.

코시모가 그 일로 오래도록 번민하고 어떻게든 사면을 받고자 애쓴 데는 그럴 만한 사정이 있었다. 당시 금융업자는 사망한 후에도 교회 묘지에 매장되지 못했기 때문이다. 교회는 불경죄를 저지른 금융업자의 장례 미사를 거부했으며, 유해도 마치 동물의 그것처럼 취급하는, 오늘날에는 상상도 할 수 없을 만큼 부당하게 대우했다. 실제로 금융업자 중에는 민중에게 집단 공격을 받아 살해당한 뒤 아무도 유해를 수습하지 않아 들짐승의 먹이가 되는 비참한 운명에 처한 자도 있었다. 또 사후에 묘가 파헤쳐지고 교수형에 처해진 후 강에 폐기되는 끔찍한 일을 당한 금융업자도 있었다.

그뿐만이 아니었다. 교회 미사에서 '금융업은 저주받은 직업이다'라는 메시지가 성직자의 입을 통해 자주 화제에 올랐다. 그리고 세상을 떠난 금융업자의 장례식 날 밤 지옥의 악마들이 그를 마중 나왔다는 이야기, 죽어서도 영혼의 안식을 얻지 못한 채 망

령이 되어 이승을 떠돈다는 이야기 등이 반복적으로 전해지고 확대 재생산되며 금융업자의 부도덕성을 민중의 뇌리에 각인시켰다. 성직자 중에는 당시 창궐한 페스트를 금융업자에게 내리는 천벌이라고 주장하는 사람까지 있었다. 그 시대 금융업자의 삶은 여러모로 서글프고 고달플 수밖에 없었다. 살아서는 삿대질과 조롱, 돌팔매질을 당하며 생지옥에 살고 죽어서는 지옥행이 예약돼 있는, 어떻게 해도 안식을 얻을 수 없는 가련한 영혼이었다고나 할까.

르네상스 문학의 효시로 인정받는 『신곡(Divina Commedia)』(1321) 은 시인 단테(Dante Alighieri, c. 1265~1321)가 지옥과 천국을 순회하는 대서사시다. 한데 이 작품 속에서 금융업자는 지옥의 불꽃에 영원히 태워지는 것으로 묘사된다. 르네상스 문학의 또 다른 대표작 중 하나인 보카치오(Giovanni Boccaccio, 1313~1375)의 『데카메론(Decameron)』(1353)은 페스트가 창궐한 피렌체 교외의 별장에서 열 명의 남녀가 서로 나눈 여러 편의 이야기를 갈무리한 모음집이다. 단테의 작품이 '신곡(神曲)'이라면 인간의 생생한 삶을 주로 다룬 『데카메론』은 '인곡(人曲)'이라 할 만하다. 이 책에서 작가는 보복 폭행을 두려워하는 금융업자의 이야기로 시작해 이야기를 풀어나간다. 이 내용을 통해서도 우리는 당시 금융업이 그야말로 '금단의 직업'이었음을 짐작할 수 있다.

금융업으로 막대한 재산을 일군 메디치 가문의 수장 코시모가

로마 교황 에우게니우스 4세에게 죄사함을 받으려면 어떻게 해야 하는지 조언을 구한 것도 그런 맥락에서였다. 교황은 코시모에게 어떤 조언을 해주었을까? 12세기에 세워진 피렌체의 산마르코 수도원(Basilica di San Marco) 재건을 위해 거액의 헌금을 내고 수도원 유지비에서 수도사들의 생활비에 이르기까지 모든 비용을 부담하게 했다. 그리고 그밖에 로마 교황청에도 엄청난 금액의 기부금을 헌납하도록 했다.

코시모 데 메디치는 세상을 떠난 후 피렌체 정부에서 '조국의 아버지(Pater Patriae, Father of the Country)'로 불렸으며, 타고난 정치적 수완가로 실질적인 피렌체 군주이자 덕망 높은 경영인으로 이름이 높았다. 한데 그는 살아생전 '불미스러운 일'로 성공을 거둔 자신의 인생을 오랫동안 자책했다고 한다. 그런 터라 그가 '교회와 예술의 후원자'를 자처한 것도 당대인에게 매우 실용적인 목적이던 '신앙'에서 비롯된 행위였다고 볼 수 있다. 또한 당시 사회 상황을 고려할 때 코시모는 자신이 가진 막대한 재력을 동원해 일종의 '종교적 보험'을 듦으로써 메디치 가문을 보호할 수 있었던 셈이다.

기독교는 왜 그토록 강력하게 이자를 금지했나

교회가 이자 금지령을 공표한 시기는 르네상스 시대보다 2세기 남짓 앞선 1179년이다. 이는 로마의 산 조반니 인 라테라노 대성당(Basilica di San Giovanni in Laterano)에서 열린 공의회(Third Council of the Lateran), 즉 기독교 최고 기관에서 내린 결정이었다. 이 결정이 내려진 후 금융업자는 기독교 신자로서 성스러운 축복을 받은 교회 묘지에 매장되는 일이 철저히 금지되었다.

당시 기독교 신자는 신앙을 포기하지 않는 한 금융업에 종사할 수 없었다. 참고로, 셰익스피어(William Shakespeare, 1564~1616)의 대표작 『베니스의 상인(The Merchant of Venice)』(1596~1597)에 등장하는 유대인 고리대금업자 샤일록은 금융업에 대한 기독교의 편견이 반영된 인물이었다. 이 희곡은 무역상인 주인공이 자신의 살점 1파운드를 저당 잡히며 샤일록에게 돈을 빌린다는 엽기적인 설정으로 유명하다. 그런데 상선이 난파되는 바람에 도저히 돈을 갚을 수 없게 된 주인공은 재판정에 서게 된다.

최근에는 작품 속 재판이 부당하다는 비판도 만만치 않다. 좀 더 구체적으로, 계약에 따라 주인공의 살점을 요구한 샤일록이 살인 미수죄로 법정에 서게 되고, 사형을 면해주는 조건으로 유대교에서 기독교로 개종을 강요당한다는 결말이 공정하지 않다는 주장이다. 재판장의 판결은 당시 기독교의 금융업에 대한 증오에 가까운 편견과 반유대주의 정서를 오롯이 반영하기 때문이다.

당대 기독교는 무엇을 근거로 이자를 금지했을까? 당연히 『성경』이다. 유대교 율법을 정리한 『구약성경』의 「레위기」에는 다음과 같은 구절이 나온다.

네 형제가 가난하게 되어 빈 손으로 네 곁에 있거든 너는 그를 도와 거류민이나 동거인처럼 너와 함께 생활하게 하되, 너는 그에게 이자를 받지 말고 네 하나님을 경외하여 네 형제로 너와 함께 생활하게 할 것인즉 너는 그에게 이자를 위하여 돈을 꾸어주지 말고 이익을 위하여 네 양식을 꾸어주지 말라(「레위기」 25장 35~37절)

『신약성경』에서 예수가 "원수를 사랑하라"라는 유명한 가르침을 설파한 설교에서도 "네게 구하는 자에게 주며 네가 꾸고자 하는 자에게 거절하지 말라"(「마태복음」 5장 42절)라고 가르쳤다. 기독교에서는 이 구절을 모두 이자를 금지하는 계율로 해석했다.

비록 「창세기」는 이자를 직접 언급하지는 않았으나 신학적으로 결정적인 이자 금지로 해석되는 구절이 있다. 인류 최초의 남녀 아담과 이브가 태초의 낙원 에덴동산에서 유일한 금기였던 선악과를 먹고 추방당할 때 신이 죄를 저지른 벌로 "네가 흙으로 돌아갈 때까지 얼굴에 땀을 흘려야 먹을 것을 먹으리니"(「창세기」 3장 19절)라고 노동을 명하는 구절이 바로 그것이다.

이는 기독교 교회가 이자를 금지한 가장 큰 이유가 이자 소득이 이른바 '불로소득'이기 때문이며, 선악과를 먹는 원죄를 범해

에덴동산에서 추방당했을 때 신이 부과하신 '노동'이라는 형벌을 순순히 받아들이지 않는다는 의미로 여겨졌기 때문이다. 게다가 그 이자가 본래 신이 소유한 시간이라는 자연현상에 가치를 부여함으로써 발생한다면 신학적으로도 용서할 수 없는 행위라고 해석할 수 있다.

메디치 가문은 이러한 금기를 깨고 금융업으로 막대한 재산을 일구었다. 이 가문 사람들은 금단의 이자로 얻는 이익이 너무도 컸기에 도저히 포기할 수 없었다. 어쨌든 이 가문은 훗날 교황을 배출할 정도로 교계에서 탄탄한 입지를 구축했다. 그 흐름 속에서 가문의 수장 코시모 데 메디치는 로마 교황에게 거액의 기부금을 바치고 죄를 묻지 않겠다는 허가권을 받아낼 수 있었다. 그 허가권은 사실 기독교의 수장인 로마 교황청에 거액의 자금을 독점적으로 제공할 수 있게 된 덕분에 따낸 것이기도 했다.

예술 후원에만 몰두하며 가문의 재산을 축내고
메디치 은행을 경영 위기 상황으로 내몰았던 '위대한 로렌초'

메디치 가문은 피렌체에서 메디치 은행(Banco dei Medici)을 설립했다. 1397년의 일이다. 그보다 200여 년 이전부터 피렌체 근교 무젤로에서 이어져온 오래된 가문 메디치의 생업이 무엇이었는지는 알 수 없다. 다만 '메디치'라는 가문의 이름은 영어로 '메디신(medicine)', 즉 의약품에서 비롯된 단어로 추정되므로 약제사나 의사 출신으로 추정하는 학자가 많다.

도시 중심부에서 창업한 메디치 은행은 순조롭게 사업을 확장해갔다. 그러던 중 창업주인 조반니 디 비치 데 메디치(Giovanni di Bicci de' Medici, c. 1360~1429)의 아들 코시모 대에 이르러 전 유럽을 통틀어 가장 뛰어난 자금력을 자랑하는 거대한 사업체로 성장했다. 막강한 경제력을 등에 업고 피렌체의 실질적인 군주가 된 코시모는 중세 봉건적 주종관계가 아닌 경제적 호혜 관계, 다시 말해 금권정치로 권력을 장악하고 정치적 난국과 암살 위기를 극복한 오늘날 정치판에서나 볼 수 있을 것 같은 탁월한 정치적 감각과 수완을 갖춘 인물이었다.

로마 교황청과 교회의 강력한 후원자이던 메디치 가문의 영향력은 당대 회화에도 뚜렷이 반영되었다. 우선, 메디치가의 후원을 받은 산드로 보티첼리의 〈동방박사의 경배(Adoration of the Magi)〉(1475)를 예로 들어보자. 이 그림에서 성모 마리아의 오른쪽 무릎 아래에서 예수 탄생을 축복하는 노인은 당시 이미 고인이 된 코시모 데 메디치를 모델로 삼아 그려졌다. 또한 화면 왼쪽 끝에 가슴을 쫙 펴고 서 있는 청년이 보이는데, 그는 코시모의 손자이자 '위대한 로렌초(Lorenzo il Magnifico)'라는 별명으로 널리 알려진 당시 가문의 수장 로렌초 데 메디치(Lorenzo de' Medici, 1449~1492)다.

산드로 보티첼리, 〈동방박사의 경배〉

1475, 패널에 템페라, 111×134cm, 우피치 미술관, 피렌체
성경에 등장하는 '동방박사의 경배'라는 성스러운 사건 속 등장인물로 교회의 강력한
후원자인 메디치가의 주요 인물은 물론 화가 자신까지 그려 넣었다.

오타비오 반니니, 〈위대한 로렌초에게 목신(牧神) 파우누스의 두상을 선보이는 미켈란젤로〉

1638~1642, 프레스코, 피티 궁전, 피렌체

'예술 후원의 대명사' 위대한 로렌초를 중심으로 당대 예술가들이 함께하고 있다.

그리고 화면 맨 오른쪽에서 보는 이의 시선을 끄는 인물이 화가 보티첼리 자신이라고 알려져 있다.

코시모 데 메디치는 기독교 교리상 금단의 영역이던 이자를 이자로 보이지 않도록 교묘하게 포장하는 작업을 통해 가업인 은행업을 거침없이 확장했다. 그리고 코시모의 손자 로렌초를 시작으로 그의 차남 조반니(Giovanni di Lorenzo de' Medici)가 교황 레오 10세로 즉위할 때까지 큰 부귀영화를 누렸다. 그러나 "부자는 삼대를 못 간다"라는 속설이 메디치가도 비껴가지 못했는지 '위대한 로렌초'와 조반니는 코시모만큼 경제적 감각과 수완이 뛰어나지 않아 그가 쌓은 '예술 후원자'로서의 명성과 막대한 자금력에 기대어 살 수밖에 없었다.

실제로 로렌초 메디치는 경영보다는 학문과 예술에 대단한 관심과 열정을 보였다. 덕분에 그는 보티첼리, 다빈치, 미켈란젤로 등 이탈리아 르네상스를 이끈 거장의 든든한 지원자로, 오늘날에는 '예술 후원의 대명사'로 널리 알려졌다. 그러나 그가 살던 시대에 메디치의 은행업은 부진을 면치 못했으며 이미 심각한 수준의 경영 위기를 겪어 가문의 재산을 축내고 있었다. 참고로, 당시 피렌체시 정부 요직에 있으며 훗날 불후의 명저『군주론(Il Principe)』(1532)을 집필하게 되는 사상가이자 정치학자인 마키아벨리(Niccolò Machiavelli, 1469~1527)는 로렌초 메디치를 '무능한 경영자'라고 낙인 찍기도 했다.

'이자를 이자로 보이지 않게 하는 공작',

환전으로 막대한 부를 얻은 메디치 가문

메디치 가문에 막대한 부를 안겨준, '이자를 이자로 보이지 않게 하는 공작'은 은행업의 모태인 환전을 교묘하게 발전시킨 수법이었다.

환전은 자신이 사용하는 화폐가 다른 지역 상거래에서도 통용될 수 있게 하는 데 꼭 필요한 업무다. 환전 역사는 화폐 역사 못지않게 유구하다. 화폐에는 위조나 파손 등 부정적인 요소가 반드시 따라붙게 마련이라 순도와 신용도 면에서 가치가 훼손되지 않도록 환전할 수 있느냐에 따라 이익의 크기가 좌우되었기 때문이다. 그러므로 상품과 화폐가 밀물처럼 모여드는 시장 등의 교역 장소 부근에는 반드시 환전소가 설치되었고, 환전 거래를 하던 휴대용 책상을 지칭하는 이탈리아어 '방코(Banco)'는 은행을 의미하는 영어 단어 '뱅크(Bank)'의 어원이 되었다. 이는 중세 이후 유럽의 환전업은 이탈리아 상인이 독점하는 형태로 발전했기 때문이다.

11세기 말에 벌어진 십자군 원정은 유럽과 동방 사이의 해상무역이 급속히 활성화하는 계기를 마련했다. 이때 이탈리아 상인은 유럽과 동방을 연결하는 지리적 이점을 최대한 살려 동방무역을 장악하는 데 성공했다. 그들은 현금을 내지 않고도 결제가 가능한 첨단 환전 시스템을 구축했을 뿐 아니라 이익·손실 관계를 정확히 파악할 수 있는 복식부기(Double-entry bookkeeping) 지식을 확립함으로써 회계 실무 기술 혁신을 이룬 세력이었다. 이로써 이탈리아 상인이 마침내 유럽 경제를 독점적으로 지배하게 되었다.

이탈리아 상인이 중세 수준의 환전상을 근세에 가까운 첨단 은행업으로 변모시킬 수 있었던 비결은 무엇일까? 그것은 바로 '동방무역의 발전'이었다. 그럴 수밖에 없던 것이 동방무역으로 대표되는 원격지 무역에서 현금 결제는 위험요소가 너무도 많았다. 실제로 국가 간 무역이 활발해져 거래액이 증가함에 따라 상인이 현금을 휴대함으로써 발생하는 위험도 덩달아 커졌다. 무역 규모가 확대되고 상인이 가진 현금 액수가 커진 만큼 상인은 점점 더 도적의 표적이 될 수밖에 없었으며, 그 때문에 호위대를 고용해야 하는 등 경비 부담이 과중해졌다. 또한 묵직한 금속 화폐 꾸러미를 늘 이고 지고 다녀야 했기에 상인의 몸과 마음이 쉬이 피로하게 되는 고질적인 원인이 되었다.

이러한 물심양면의 부담과 위험요소를 해소하고자 상인들이 고안한 것이 바로 '환전'이라는 새로운 시스템이다. 무거운 화폐 대신 간단한 서류를 지참하고 현지 환전상에 가서 현금화하는 이 시스템이 원격지 거래의 위험 부담과 비용을 극적으로 줄임으로써 무역의 패러다임을 혁명적으로 바꿔놓았다.

이후 무역 현장에서 상인들은 각지에 지점을 두고 환전상에게 예금계좌를 개설함으로써 현금화 절차를 생략하고 서면으로 거래를 매듭지을 수 있게 되었다. 이런 흐름의 연장선에서 과거 휴대용 책상을 펴놓고 앉아 영업하던 환전상은 고정된 점포를 마련하기 시작했으며, 오늘날과 같은 은행 영업 형태를 갖추어나가기 시작했다.

이러한 경제와 무역 패러다임이 바뀌면서 구체적으로 어떤 변화가 일어났는지 짚어보자. 우선, 무역이 더욱 활성화되면서 서면으로 처리해야 하는 각종 서식이 크게 늘어났다. 또 원격지 교역에서 지역마다 다르게 적용되는 화폐와 도량형으로 인해 중세처럼 개인 기억에 의존해야 했던 상거래는 바야흐로 시대에 뒤처진 구시대적 방식으로 취급되기 시작했다. 여기에 더해 정교한 거래 관계를 총괄하는 데 필요한 부기 기술이 급속히 발전했다.

'복식부기'가 다른 때 다른 나라 아닌

13세기 이탈리아에서 개발된 이유

동방교역으로 유럽에 전해진 아라비아숫자는 복식부기 기술을 비약적으로 발전시킨 주요 요인이다. 그때까지 사용되던 로마숫자의 경우 1은 I, 5는 V, 10은 X, 50은 L, 100은 C로 표기했다. 예를 들어 250은 CCL이며 여기서 1을 뺀 249는 40을 XL, 9를 IX로 써서 CCXLIX로 표기했다.

이렇듯 로마숫자는 숫자를 기록할 수는 있어도 복잡한 계산을 위해 자릿수를 표기할 수는 없었다. 반면 아라비아숫자로는 분수와 소수까지 계산할 수 있었다. 그런 터라 이탈리아 상인은 아라비아숫자를 받아들이고 복잡한 계산이 가능한 이 숫자 시스템을 활용해 경리 기술을 비약적으로 발전시켰다. 이는 12세기의 일로, 몇몇 유럽 국가는 19세기까지도 회계장부를 로마숫자로 기록했다.

아라비아숫자가 도입된 이후 한 세기쯤 지났을 때 장사 수완이 뛰어난 이탈리아 상인들이 '복식부기'를 개발했다. 현재까지 남아 있는 복식부기의 가장 오래된 사례는 1290년대 자료다. 이 자료에는 복식부기의 이점인 '실시간 이익 확인', '정확한 손실 파악' 등의 기능이 이미 갖춰져 있었다. 당시 이탈리아 상인은 동방과의 대규모 무역을 위해 출자자를 모집했는데, 투자자에게 분배할 이익을 산출할 때 엄정한 정확성이 요구되었으므로 장기간에 걸쳐 이익을 분배하는 사례도 적지 않았다. 단순히 수입과 지출을 기록하는 수준을 넘어서는 복잡한 경리 업무를 날마다 처리해야 했던 것은 그런 연유에서다. "필요는 발명의 어머니다"라는 속담대로 가장 절실한 필요를 가진 나라 이탈리아에서 복식부기가 탄생한 것이다. 이후 피렌체 동업자 조합에 복식부기 채용이 의무화되었으며, 기소 등의 절차에도 장부가 법적 문서로 제출되었다. 이는 14세기의 일이다.

복식부기를 활용한 일일 집계로 자산과 부채 흐름을 정확히 파악하는 일은 이후 은행 업무의 중요한 기반이 되었다. 이 복식부기를 통해 메디치 은행의 전성기를 구축하고 피렌체의 맹주가 된 인물이 바로 코시모 데 메디치였다. 비약적으로 성장하며 유럽 최대 은행이 된 메디치가의 탁월한 경영자는 방대한 업무를 날마다 정교하게 처리해야 했다. 그런데 마키아벨리에게 경영자로서의 무능함을 지적받은 '위대한 로렌초'는 은행업의 생명줄인 복식부기 기록을 소홀히 한 채 경영 관리를 피고용인에게 무작정 맡기고 예술 지원 사업에만 매진하며 경영에는 한눈을 파는 치명적인 실책을 범했다.

우리가 잘 알다시피 본래 메디치 가문의 예술 후원은 이자 수익으로 부당하게 돈을 벌었다는 오명과 원죄를 씻기 위해 시작된 것이었다. 그러나 속죄의 수단이던 예술 지원에 지나치게 몰두하느라 경영 관리를 소홀히 한 '위대한 로렌초'는 결국 무엇이 중요한지 몰랐던 셈이다.

지하 금융의 바람막이가 되어주었던
메디치 가문의 기상천외한 외환 트릭

코시모의 분투로 메디치 가문이 유럽 최고 은행으로 발전했다

보카치오 『데카메론』 삽화, 15세기
환전상의 아내를 그린 장면으로 이동식 책상(방코)이 그려져 있다.

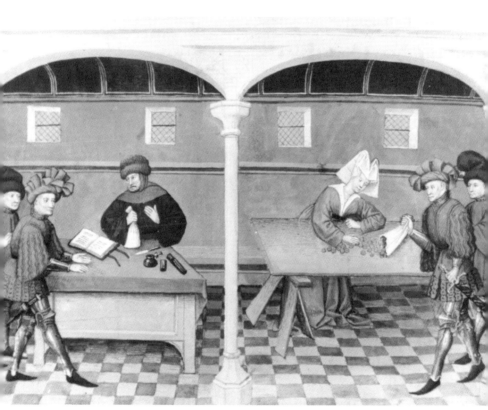

© GRANGER / Alamy Stock Photo

고 해도 당시에는 오늘날의 대형은행에 해당하는 업종은 아직 존재하지 않았다. 외환 결제 시스템 발전은 중세 이후 환전상을 근세적인 은행업으로 변모시켰으나 당시에는 어음이든 환전이든 수수료가 정해져 있었으며, 교회가 이자 수익을 금지했기에 예금과 대출에서도 큰 이익을 기대할 수 없었다.

실제로 은행은 예금 고객에게 이자에 해당하는 '사례'를 지급하고 대출을 하거나 투자한 고객에게는 은행이 '사례'를 받아 챙기는 방식으로 운용했다. 그러나 이는 어디까지나 '사례'라는 명목의, 자유의지로 오간 금전이지 정식 수수료나 이자 형식으로 청구하는 행위는 용납되지 않았다. 당시에 대출 이자를 이익의 중심으로 삼는 은행업이 성립할 여지가 아직 갖춰져 있지 않은 것은 그런 연유에서였다.

한편 금융을 전업으로 삼은 유대인은 '고리대금업'을 개인 상점 규모로 운용했다. 그러나 메디치 가문처럼 거대한 규모로 영업하고 경영하는 환전상의 경우 모직물상이나 견직물상처럼 상대적으로 사회적 지위가 높은 무역업을 겸업하는 것이 일반적인 경향이었다.

당시 대형은행은 오늘날의 은행과 비교했을 때 좀 더 종합상사에 가까운 메커니즘으로 운용되었다. 교회가 이자를 엄격히 금지했기에 금융 영역에서만 사업을 확장하는 방식은 도의적으로 허용되지 않았다. 그 점에서는 메디치 가문도 예외는 아니어서 모든 영역에 걸친 다양한 종류의 상품을 종합해 해외무역과 국내유통을 대규모로 추진하는 거대 규모의 종합상사 겸 은행으로 승승장구했다. 그러나 메디치 가문이 확립한 부의 기초는 환율이라는 새로운 시스템을 조작해 이자를 이자로 보이지 않게 위장하고 포장하는 은밀한 공작에서 나온 것이었다. 이 공작을 성공시키려면 은행이 다른 통화를 사용하는 나라에 지점을 두어야 했기에 종합상사인 메디치 가문의 해외 지점망을 최대한 활용했다.

메디치 가문은 전성기에 피렌체 본점과 함께 로마, 밀라노, 베네치아, 아비뇽, 리옹, 제네바, 브루게, 런던 등 유럽의 교역 거점 도시를 총망라해 많은 지점을 두었다. 그리고 이 국제적 지점망을 무대 삼아 외환 거래를 실질적인 이자 징수에 활용했다.

메디치 가문이 사용한 독자적인 수법을 대략적으로나마 살펴보자. 예컨대, 피렌체의 메디치 은행이 주요 고객인 영국인 A에게 외환 어음 교환으로 현금을 피렌체 화폐로 제공했다고 가정해보자. 이미 현금을 제공한 이상 이는 실질적으로는 '대출'이다. 그러나 표면상으로는 A가 모국에서 소유하고 있는 현금인 영국 화폐를 피렌체에서 거래하기 위해 '환전'한 것으로, 은행이 A에게 신용의 증표로 제공한 돈이다. 어음에는 고객 A의 대리인 B가 런던의 메디치 은행 지점에서 납기 기한 내에 영국 화폐로 해당 금액을 지불한다는 취지의 계약이 명기되었으며, 거래 시점의 환율도 기록했다.

다만 이 환율은 애초 은행에 이자가 들어오도록 설정돼 있었다. 따라서 결과적으로 이러한 환전은 대출과 다름없이 이익을 창출했다. '납부 기한'이라는 형식으로 시간 유예를 마련해둔 이상 이 거래에서 발생한 이익은 실질적으로는 이자와 다름없었다. 19세기에 전신환이 보급될 때까지 외환 거래는 우편으로 이루어졌으므로 환율을 우송기한에 부과되는 형태로 설정해둔다면 사실상 금리 이율과 다를 바 없다.

메디치가의 금융업은 왜 로마 교황청과 교회 지도자들의 눈 밖에 나기 시작했을까?

해외 지점 사이에서 이러한 조작을 반복하는 과정에 은행이 얻는 이자는 연리로 환산하면 10퍼센트를 넘어섰다. 이후 장부상 처리만으로 성립하는 거래 시스템도 등장했는데, 사람들은 이런 방식의 거래를 '캄비오 세코', 즉 '건식 어음'으로 불렀다. 여기서 캄비오는 '어음'이나 '환전'을 의미하며 세코는 '건조하다'라는 뜻을 가지고 있다.

'캄비오 세코'는 외환 거래의 본래 목적인 송금이 아닌 금융에 숨겨진 꼼수를 동원해 거래함으로써 시장을 윤택하게 하는 긍정적 효과를 거둘 가능성을 제거한 채 돈줄을 바짝 말려버린다는 의미에서 붙은 용어다. 이름으로도 알 수 있듯이 가공의 거래가 명백한 이러한 방식의 거래는 당시 외환 거래가 지하 금융에서 은밀히 이루어졌으나 다른 한편으로 공공연한 비밀이기도 했음을 알려준다.

아무튼 이러한 음성적 거래가 증가하면서 마침내 외환 거래가 금융 상품이 되어 시장을 형성했다. 확대해석일 수도 있으나, 2008년 리먼 브라더스 사태에서 촉발된 미국 은행업계의 금융 거품의 기본 구조는 이 시점에서 이미 뭉게뭉게 부풀어 오르기 시작했을 가능성도 있다.

운 좋게 전 유럽 금융의 중추 역할을 담당하는 거대 은행으로 성장한 메디치 가문은 그야말로 돈을 쓸어 담기 시작했다. 그러나 이러한 사기에 가까운 거래는 로마 교황청과 종교 지도자의 눈에 들어오기 시작했고, 메디치가가 금단의 영역인 금융업으로 돈을 번다는 비판의 목소리가 교회 내부에서 터져 나와 심의회가 열렸다. 그러나 외환 거래는 환율 '변동'을 정확히 예측할 수 없으므로 이익이 불안정해 교회에서 금기시하는 금융업이 아니라는 결론이 내려졌다.

실제로 이런 종류의 거래에는 복잡한 시장 지식과 풍부한 실무 경험이 필요했다. 수완이 뛰어난 상인이자 인문학자였던 베네데토 코트룰리(Benedetto Cotrugli)는 저서 『상업 기술의 책(Della mercatura e del mercante perfetto)』(1458)에 자신은 "2년간의 실무 경험을 거쳐 겨우 외환 거래를 이해할 수 있게 되었다"라고 썼다.

이 책은 '복식부기'라는 용어를 역사상 최초로 사용한 선구적인 저서로 널리 알려졌다. 이 정도로 상업 전반에 정통한 저자조차 제대로 이해하는 데 2년이라는 긴 시간의 실무 훈련이 필요했던 외환 거래 업무를 무지한 종교 관계자들이 금융업으로 단정하고 고발했으니 승소할 리가 없었다. 그런데 문제는 그렇게나 복잡한데도 현실에서 실제 외환 거래가 이루어지고 있었다는 점이다. 어쩌면 그 사실 자체가 당시 외환 거래가 은밀히 이루어지는 금융업이었다는 증거로 볼 수 있지 않을까.

당연히 이러한 외환 거래 실상은 당대 상인에게는 필수 요소로 받아들여졌다. 이는 상거래에서 외환 거래를 빼놓고 논할 수 없다면 교회가 외환 거래는 금융업이 아니라고 판정한 사건이 뻔히 눈에 보이는 사실을 무시한 처사이자 위선적인 판정이라는 것을 의미하는 셈이었다.

어쨌든 이 판정의 배경에는 교황청의 재무적 요청이 작용했다. 당시 봉건제도라는 이름의 토지를 매개로 한 중세 경제 시스템이 금전을 매개로 하는 근세 화폐 경제 시스템으로 이행하던 시기에 교황청도 다음 세대의 경제 시스템에 적절히 대응해야 했다. 또한 실무 차원에서 당시 로마 교황청만큼 금융이라는 업무를 절실히 필요로 하는 기관은 없었기에 눈 가리고 아웅 하는 식의 메디치 가문의 돈놀이를 눈 질끈 감고 봐줄 수밖에 없었다.

로마 교황청을 구워삶아 '교황청의 금고지기'가 된 메디치 가문

예수 그리스도는 "하나님과 재물을 겸하여 섬길 수 없느니라"(「누가복음」 16장 13절)라고 말했다. 그리고 『성경』에는 "부자가 하나님 나라에 들어가는 것보다 낙타가 바늘구멍으로 지나가는 것이 더 쉽다"(「누가복음」 18장 25절)라는 말씀도 있다. 이렇듯 기독교에서는 기본적으로 현세의 경제적 번영을 바람직하게 여기지 않는다.

참된 부는 천국의 곳간에 쌓아주어야 한다는 것이 기독교의 전통적인 가르침이었는데, 교리상으로는 경제적 번영을 부정하면서도 당시 유럽을 지배하던 로마 교황청만큼 막대한 화폐 수입을 얻고 복잡한 재무 관리를 필요로 하는 기관은 없었다.

직할령에서 들어오는 세금 수입은 물론이고 전 유럽의 신자에게 징수한 십일조, 즉 수입의 10퍼센트를 내는 세수가 각 교황청으로 들어왔다. 거기에 더해 고위 성직자의 임명 작업에 들어가는 막대한 보증금 수입까지 교황청의 금고로 고스란히 흘러들어왔으므로 글자 그대로 돈이 밀물처럼 쏟아져 들어왔다.

이는 명백한 이중 잣대였다. 막대한 수입을 재무 관리하고 투자 업무를 독점적으로 수주한 메디치 가문은 중세 이후 환전상으로서 은행업을 오늘날의 '머천트 뱅크(Merchant Bank)'와 맞먹는 방대한 업무 내용과 대형 금융그룹에 뒤지지 않는 엄청난 규모를 자랑하는 대기업으로 확대해 르네상스 시대 유럽을 대표하는 재벌 가문으로 성장했다.

메디치 은행은 로마 교황청의 재무 관리를 일임했을 뿐 아니라 전 유럽에서 들어오는 막대한 액수의 세수를 관리하고 교황이 추기경·주교 등 고위 성직자를 임명할 때 후보자가 의무적으로 내야 하는 거액의 보증금 관리도 담당했다. 이 보증금은 '초년도 납부금'이라고 불렸는데, 임명 교구에서 1년간 얻을 수 있는 세수와 같은 금액을 기준으로 잡고 납부를 게을리 하면 해임이나 파문 등의 엄벌이 내려졌다. 그런데 그 금액이 워낙 거액이다 보니 한번에 목돈을 낼 수 없는 후보자가 많았다.

교황청의 재무를 담당하게 된 메디치 은행은 거액의 돈을 굴려 후보자의 임명을 보증하고, 그 대신 분할로 '사례'를 받아 챙기는 일이 다반사였다. 그랬기에 이는 실질적으로 고위 성직자 후보를 고객으로 하는 '초년도 납부금' 대출 상품이나 다름없었다. 메디치 은행은 후보자가 임명된 교구에서 1년 치 세수와 맞먹는 거액을 대출해주는 방식으로 이 금융 상품을 운용했다.

사례금, 즉 이자가 얼마나 큰 금액이었을지는 독자 여러분의 상상에 맡기겠다. 실제로 교황청과 관련된 업무에서 메디치 은행이 얻는 수익만으로도 총 수익의 절반을 차지하는 해가 적지 않을 정도였다. 이렇게 메디치 은행은 유럽 최고 은행이자 '교황청의 금고지기'가 되었으며, 당연하게도 메디치가의 수장 코시모

데 메디치는 엄청난 부와 권력과 영향력을 가진 중요 인물이 되었다. 그러나 정작 코시모는 자신이 이자로 재산을 불린 파렴치한 금융업자라는 양심의 가책과 사후 영혼의 안식 문제로 두려워하며 불안함을 덜어내고자 몸부림쳤다. 코시모가 교황에게 연줄을 대고 주기적으로 알현한 것도, 메디치 가문이 예술 지원 사업에 온 힘을 쏟은 것도 마음속 불안함을 덜어내고 영혼의 안식을 얻고자 하는 절실한 바람에서 나온 행위였다.

'위대한 로렌초'를 야박하게 평가한 마키아벨리가
로렌초의 조부 코시모의 정치적 수완과
경영자로서의 재능을 칭찬한 이유

교황은 코시모 데 메디치에게 어떤 조언을 했을까? 이에 관한 구체적인 기록은 남아 있지 않다. 다만 코시모가 산마르코 수도원 재건 사업을 비롯한 교회 사업과 복지 사업에 거액을 투자하기 시작한 것은 교황의 조언에 따른 것이었다는 주장은 존재한다. 사실 이는 앞에서 소개한 서적상 베스파시아노 다 비스티치가 쓴 코시모 데 메디치 전기에 나오는 얘기다. 또 그로부터 몇 년 후 회기 중 심각한 재정난과 페라라에서 창궐한 페스트 팬데믹 와중에 소집된 페라라 공의회가 피렌체로 이동해 재개된 것도 모두 코시모의 대대적인 지원 덕분이었다고 한다.

산마르코 수도원은 수도사이자 르네상스 시대의 거장 프라 안젤리코(Fra Angelico, c. 1395~1455)가 그린 벽화 〈수태고지(Annunciation)〉 (1440~1445)로 널리 알려졌다. 코시모의 문화·예술, 특히 미술에 대한 공헌에는 의문의 여지가 없다. 그런데 '신에게서 돈을 빌린 채무인'을 자칭하던 그는 이러한 교회 사업과 복지 사업 후원자로 칭송받게 되자 입버릇처럼 '좀 더 빨리 이 일을 시작했더라면……' 하며 후회하곤 했다고 한다.

그러한 사업을 통해 영혼 구원 가능성을 발견했기에 한 말이겠지만 적어도 코시모가 막대한 금액을 후원한 일로 공적인 의미에서 교회의 승인을 얻었음에는 의심의 여지가 없다. 실제로 코시모가 세상을 떠난 후 '금단의 영역에 몸담은 추악한 금융업자'라고 비난하며 그의 묘를 훼손하려는 사람은 전혀 없었다. 오히려 피렌체시 정부는 코시모가 영면에 들자 그에게 '조국의 아버지'라는 영광스러운 호칭을 하사했다. 이는 코시모가 살아생전에 사숙(私淑)하던 고대 로마의 정치가·철학자 키케로(Marcus Tullius Cicero, 106~43 BC)에게 로마 공화정이 경외의 마음을 담아 선사한 칭호를 벤치마킹한 호칭이었다. '위대한 로렌초'를 야박하게 평가한 마키아벨리도 그의 조부 코시모의 정치적 수완과 경영자로서의 재능에 관해서는 칭찬을 아끼지 않았고, 독지가로서 사람들에게 아낌없이 베푼 은혜에 관해서도 찬사를 아끼지 않았다.

프라 안젤리코, 〈수태고지〉

1440~1445, 프레스코, 230×321cm, 산마르코 수도원, 피렌체

당대에 그림물감 값보다도 저렴했던 보티첼리의 그림값

토마스 아퀴나스(Thomas Aquinas, 1225~1274)는 중세 이탈리아가 배출한 최고의 신학자로 명성이 높은 인물이다. 그는 자신의 책 『신학대전(Summa Theologica)』에서 '관대함(magnificentia)'의 중요성을 주장했다. 그는 사람이 금전에 대한 집착을 버리고 위대한 창조주에게 헌신할 때 비로소 '신의 힘'을 공유함으로써 '관대함'이라는 미덕을 발휘하게 된다고 주장했다. 르네상스 당시 피렌체의 서간과 서적에는 코시모를 '관대한 사람'으로 칭송한 기술을 쉽게 찾을 수 있는데, 토마스 아퀴나스의 『신학대전』을 통해서도 그의 인덕과 신망이 얼마나 높게 평가받았는지 짐작할 수 있다.

토마스 아퀴나스의 주장에 따르면, 코시모는 문화·예술에 대한 '관대한' 지원으로 죄사함을 얻었다고 한다. 그러나 안타깝게도 이 '관대함'은 그의 손자인 로렌초 시대에 이르러서는 오히려 본업을 등한시한 채 막대한 자산을 야금야금 좀먹다가 결국 메디치 은행을 쇠락시키고 마는 원흉으로 작용했다. 로렌초는 은행업에 필수적인 복식부기 기술을 제대로 깨우치기는커녕 위대한 조부가 엄격히 금지했던 왕족에 대한 대출을 선심 쓰듯 남발했다. 그러던 중 메디치 은행에서 거액을 대출받은 영국 왕실이 파산하면서 메디치 은행도 치명적인 타격을 입었다. 급기야 로렌초 시대에 메디치 은행은 피렌체시 정부의 공금을 동원해 부정한 방법으로 구멍을 메워주어야 할 정도로 쪼들렸다.

코시모의 '관대함' 중 교회 운영과 복지 사업 지원을 참고로 비교해보자. 코시모가 실제로 어디에 얼마를 지원했는지 살펴보면 그가 어느 방면에 좀 더 비중을 두었는지 짐작할 수 있다. 예를 들어 보티첼리의 그림값은 오늘날 화폐 가치로 환산하면 몇백만 원 정도밖에 되지 않는다. 그가 제작한 성모상 비용 지급 명세를 살펴봐도 사례는 500만 원 정도로, 제작에 사용한 울트라마린 블루(ultramarine blue)라는 청색 물감과 금박 대금을 크게 밑도는 수준이었다.

당시 유럽에서 선명한 청색 물감은 상당한 귀중품이었다. 청색 물감은 중근동과 아프리카에서만 나는 '청금석', 즉 라피스라줄리(lapis lazuli)라는 광물을 원료로 만들었기에 '바다(마린)를 뛰어넘는(울트라) 푸른색(블루)'이라는 거창한 이름이 붙은 고급 그림 재료였다.

오늘날 기업과 자치단체가 메디치 가문이 베풀었던 예술 후원 같은 대대적인 지원을 해야 한다고 목소리를 높이는 화가는 많지만 그림값에 있어서 보티첼리를 본받을 화가는 절대로 없을 것이다.

5

'신의 길드'와
'왕의 아카데미'가
날카롭게 대립하던 시대

17세기 프랑스 왕실 미술에 학문적 권위를 부여함으로써
촉매제 역할을 한 프랑스 아카데미

프로테스탄트 국가 네덜란드는 시민을 위한 회화시장을 탄생
시켰다. 17세기의 일이다. 반면 가톨릭 국가 프랑스의 17세기는
종교개혁으로 부정된 미술의 프레젠테이션 기능이 전례 없이 엄
청난 위력을 발휘한 시대였다. 대단한 권위와 영향력을 가졌던
교회를 대신해 압도적 권력을 자랑하는 왕실이 대중에게 원하는
메시지를 효과적으로 전달하고 홍보하는 도구로 회화를 적극적
으로 활용했기 때문이다. 좀 더 구체적으로, 베르사유 궁전을 중
심으로 하는 호화로운 왕실 미술이 17세기 프랑스에서 눈부시게
발전했다.

미술사에서 17세기 네덜란드와 프랑스 미술은 똑같이 '바로
크 미술'로 분류된다. 그러나 실제로 둘은 완전히 다른 양상으
로 발전했다. 17세기 네덜란드는 렘브란트의 〈야경〉으로 대표되

는 시민 회화를 탄생시켰다. 반면 17세기 프랑스는 "짐은 곧 국가다"라는 말로 널리 알려진 루이 14세(Louis XIV, 재위 1643~1715)의 초상화로 대표되는 왕실 미술이 주도했다. 이러한 프랑스 왕실 미술에 '학술'의 권위를 부여한 단체가 루이 13세(Louis XIII, 재위 1610~1643) 시대인 1635년 리슐리외 추기경(Cardinal Richelieu)이 앞장서서 창립한 '프랑스 아카데미(Académie Française)'였다.

아카데미 설립 이전 미술과 아카데미 설립 이후 미술은 어떻게 다를까? 이전의 미술은 중세 이후 '길드'라고 불린 동업자 조합이 계승한 일종의 '기술'로 받아들여졌다. 이는 오늘날의 '공예'에 가까운 개념으로 볼 수 있다. 좀 더 정확하게 말하면, 아카데미가 미술에 '학술'의 권위를 부여함에 따라 길드에서 계승된 '기술'로서의 미술 가치는 폄하되었다. 아카데미의 설립으로 '학문(이론)'은 '기술(실천)'보다 상위 개념이라는 인식이 명확히 확립된 것이다.

실제로는 어떨까? 회화와 조각에서 공예까지 포함하는 전 미술 분야는 '실기' 없이 이론만으로는 이루어질 수 없다. 그러므로 '학문', 즉 이론이 '기술'을 능가한다는 논리는 현실과는 동떨어진 주장이다. 그러나 17세기 프랑스 아카데미 측은 무슨 수를 써서라도 이론에 최고 권위를 부여해야 한다는 중압감에 시달렸다. 왜냐하면 탄탄한 이론으로 무장한 미술이야말로 왕의 영광과 직결되는 문제라고 여겨졌기 때문이다.

프랑스 아카데미는 '학문'으로서의 미술에 권위를 부여하려는 변화 과정에서 인체 데생을 이론의 근거로 삼았다. 데생은 해부학이라는 과학 지식을 바탕으로 인체를 묘사하는 작업이기 때문이다. 이른바 '과학적 데생' 교육을 도입한 기관이 아카데미였다. 아카데미는 미술을 '직인(職人, 기술자)'이 주도하는 육체노동에서 '작가'가 주도하는 창조 활동으로 승화시키려는 목적에서 설립된 기관이었다.

미술에 학술로서의 권위를 부여해 체계를 갖춤으로써 전통적 도제식 교육에 의존해온 길드에 대한 학술적 우위를 확보하기 위한 작업은 이제 막 탄생한 아카데미가 시급히 완수해야 할 임무였다. 미술의 권위가 그대로 '왕의 영광'을 의미하게 되면서 왕의 절대 권위를 세우기 위해 아카데미가 본격적으로 도입한 교육이 바로 인체 데생이었다. 아카데미가 인체 데생을 미술 교육에 정식으로 도입한 이후 데생은 흑백 인체 소묘라는 지루한 화풍에도 불구하고 왕의 영광을 드러내기 위해 화가가 필수적으로 갖추어야 하는 중요한 소양으로 간주되었다.

이러한 경향은 근대에 들어선 이후에도 근본적으로 달라지지 않았다. 그런 터라 각국의 국립 미술대학 입시에 응모하는 수험생은 데생 시험부터 치러야 했다. 오늘날까지 많은 미술대학 학생의 필수 전공과목인 데생의 기원은 17세기 프랑스 아카데미에서 찾을 수 있다.

루이 14세는 왜 프랑스 아카데미를 향한
전폭적인 지원을 아끼지 않았을까?

'아카데미'라는 어휘는 고대 그리스의 철학자이자 '서양철학의
아버지'로 추앙받는 플라톤(Platon, 428?~347 BC)이 아테네 교외 성
스러운 숲 '아카데모스(Akademos)'에서 개설한 학원에서 비롯되었
다. 르네상스 시대 이탈리아의 철학과 문학 모임 이름으로 즐겨
사용되던 '아카데미'라는 용어를 최초로 공립화한 나라가 프랑스
다. 그중에서도 "짐은 곧 국가다"라고 선언하고 사법조차 초월한
왕권의 절대성을 확립한 루이 14세가 다스리던 시대에 갖가지
아카데미가 창설되며 바야흐로 '아카데미의 세기'가 열렸다.
  프랑스 최초 왕립 미술 아카데미인 '왕립 회화 조각 아카데미
(Académie royale de peinture et de sculpture)'가 세워진 것은 1648년의 일이
다. 루이 14세가 즉위하고 5년 뒤의 일로, 루이 14세는 아카데미
의 지도자에게 "짐은 귀하에게 이 세상에서 가장 귀중한 것, 즉
짐의 영광을 맡긴다"라는 말과 함께 아카데미를 대대적으로 지
원했다. 루이 14세는 왜 아카데미에 대한 전폭적인 지원을 아끼
지 않았을까? 그는 누구 못지않게 미술의 '프레젠테이션 기능'을
제대로 간파하고 있었기 때문이다. 당당히 "짐의 최대 열정은 영
광을 향한 사랑이다"라고 선언한 루이 14세는 자신이 가장 사랑
하는 영광을 프레젠테이션할 권한을 아카데미에 부여했다.

18세기 프랑스 아카데미에서 이루어진 데생 수업 모습. 학생들이 실제 모델과
고전 조각을 앞에 두고 데생하고 있다. 당시 출간된 학술로서의 미술을 위한 이론서에
실린 동판화 삽화.

이아생트 리고, 〈루이 14세 초상〉

1701, 캔버스에 유채, 270×190cm, 루브르 미술관, 파리

루이 14세 시대에 프랑스에서는 미술의 뒤를 이어 춤, 문예, 과학, 음악, 건축 등 다양한 분야의 아카데미가 줄줄이 창설되었다. 이후 모든 학문과 예술이 위대한 루이 14세의 영광을 드러내는 방향으로 동원되고 진행되었다. 미술 아카데미 강화에 온 힘을 쏟은 인물로 알려진 국무장관 장 바티스트 콜베르(Jean-Baptiste Colbert)는 "아카데미는 왕의 영광을 드높이고 절대 왕정을 확립하기 위해 필수적인 강력한 무기다"라고 공개적으로 선언했다.

국무장관 콜베르는 신하와 백성을 물리적으로 지배하는 군사력과 더불어 정신적으로 지배하는 '문화력'이 절실히 필요함을 간파하고 있었다. 그런 콜베르의 일사불란한 지휘에 따라 왕실 미술은 '태양왕'을 자칭한 루이 14세를 중심으로 신의 권능을 대신해 지상을 채우는 왕의 영광을 드러내기 위한 프레젠테이션 장치로 화려하고 호화로운 문화력을 발휘해나갔다.

아카데미를 설립한 프랑스 왕실은 야심만만한 국가적 사명을 내세웠다. 그것은 르네상스 시대에 거장을 배출해 유럽 미술의 지도적 위치를 차지한 이탈리아를 능가하는 예술 선진국이자 선도 국가로 발돋움하겠다는 의지를 담은 선언이었다. 그리고 한발더 나아가 거장의 걸작이 즐비한 고대 도시 로마보다도 더 많은 작품을 빼곡히 전시해 프랑스를 방문하는 이들의 눈길을 사로잡겠다는 구체적인 계획도 세웠다.

콜베르는 베르사유 궁전을 예술과 학문의 중심축으로 조성하는 일부터 시작했다. 이는 프랑스 왕실의 영광을 드러내기 위해 가톨릭의 구심점인 로마 교황청의 권위를 넘어서는 드라마틱한 과정이 반드시 필요하다고 판단했기 때문이다.

**교황의 신성함을 드러내는 도구로 사용되던 미술품이
왕권의 권위를 홍보하는 수단으로 활용되다**

이 시기 왕권 신성화에 크게 이바지한 사건이 바로 종교개혁이었다. 기독교를 구교와 신교로 양분한 종교 분쟁은 신의 대리인을 자처하던 교황의 권위를 실추시켰다. '보편성'을 지향하는 그리스어 '가톨리코스(Καθολικος, Catholicos)'에서 파생한 '가톨릭'은 그 이름만큼 보편적인 존재가 아니었음이 종교개혁 과정에서 적나라하게 드러나버렸기 때문이다.

종교개혁을 겪으며 신의 대리인을 자처한 교황을 수호하는 성스러운 기사인 황제의 권위도 덩달아 땅에 떨어졌다. 그러자 그때까지 교황과 황제라는 전통적 권위를 숭배하던 국가의 왕들이 빠르게 권력욕에 눈을 떴다. 하늘 왕국에서 권위를 부여받아 지상 왕국에서 어린 양을 다스리는 신의 대리인이어야 할 교황의 권위는 이제 본격적으로 세속 권력의 도전을 받게 되었다. 교황의 절대적인 권위는 유럽 전역을 통합하는 보편적 권위로 차츰

대체되었다. 그리고 그 과정에서 지상 왕국인 국가를 통치하는 세속적 권력이 새로운 시대의 절대권력으로 떠올랐다.

그 이전 각국 왕의 권한은 교황의 중개로 신에게서 부여받은 권력으로 여겨졌다. 그러나 교황의 권위가 실추함에 따라 왕들은 자신의 왕권은 신에게 직접 받은 신성한 권력이라는 새로운 논리를 만들고 신봉하기 시작했기 때문이다. 왕들은 몸소 신의 대리인을 자처하며 지상 왕국을 자신이 직접 지배하고자 했다.

신이 부여한 왕권의 신성함을 알리기 위해 교권의 신성함을 홍보하는 장치로 오랜 세월 실력을 갈고닦은 미술품이 동원되었다. 신성한 왕권을 홍보하는 미술품을 제작하는 기관으로 프랑스의 왕립 미술 아카데미가 설립되었다. 그리고 아카데미에 권위를 부여하기 위한 전략으로 중세 이후 이어져온 길드를 부정과 경멸의 대상으로 치부했다.

당시 '기도하는 사람'인 성직자와 '싸우는 사람'인 귀족의 이중 지배를 받던 평민 노동자 '일하는 사람'에게는 각자의 업종에 속한 길드에 가입해야 할 의무가 있었다. 그리고 각종 직업 행위에는 길드의 허가가 필요했다.

모든 직업인은 상품 생산부터 점포에서의 판매에 이르기까지 길드가 정한 세세한 규약에 따라 업무를 수행해야 했다. 이를 위반하면 업무 정지, 상품 몰수, 추방 등의 영업 제한 처분을 받을 수 있었다. 또 생산 활동에 가장 절실히 필요한 손을 절단하는 등

베르사유 궁전 〈거울의 방〉, 1678~1684. 왕실 미술의 총본산이라고 할 수 있는 공간이다.

무거운 형벌도 내릴 수 있는 사법권을 길드가 보유하고 있었기에 사회에서 직업을 가지고 일하려면 누구나 길드의 눈치를 볼 수밖에 없었다. 당시 직업인의 길드에 관한 사고방식은 오늘날 사법국가의 국민이 품는 것과 동등한 구속력을 가지고 있었다. 그런 터라 길드에 소속되지 않은 채 생활하는 일은 일반적인 직업인으로서는 상상조차 할 수 없는 불경한 행위로 여겨졌다.

'일하는 사람'인 노동자가 아닌 '일을 시키는 사람'인 스승의 불이익을 방지하기 위한 조합, 길드

오늘날에도 서구의 고용자는 회사의 명령보다 노동조합의 규정을 우선시하는 경향이 있다. 일본 회사원의 입장에서 노동조합은 어디까지나 사내 조직이다. 그러므로 의무적으로 노동조합에 가입해야 하는 것은 아니다. 반면 유럽 국가의 노동조합은 회사를 포함하는 공동체로서 오랜 역사를 자랑하며 막강한 실권을 행사한다.

일본의 고용관에는 에도시대 막번체제(幕藩體制)와 닮은 충성 개념이 여전히 내재해 있으나 서구적 고용관의 밑바탕에는 중세 이후 길드의 전통이 깔려 있다. 실제로 일본 드라마에서는 직원이 상사에게 입바른 소리를 할 때면 막번체제의 충신이 할복을 각오하는 심정으로 주군에게 중요한 내용을 아뢰듯 사표를 불사하고 비장한 태도로 할 말은 하겠다고 다짐하는 장면이 나온다. 서구의 고용관은 일본의 그것과는 큰 차이가 있다. 어떤 점에서 그럴까? 그런 유의 충성심과 귀속감을 회사보다는 오히려 길드를 향해 품고 있었다는 점에서 그렇다.

오늘날의 조합이 '일하는 사람', 즉 노동자의 불이익을 방지하기 위한 조직인 데 반해 중세 길드 조합은 오히려 '일을 시키는 사람', 즉 스승(우두머리 장인)의 불이익을 방지하기 위한 조직이었다는 점도 큰 차이점 중 하나다. 길드는 철저한 현상 유지에 근간을 두고 모든 일을 엄격하게 규제했다. 구체적으로 생산품의 만듦새와 가격, 판매 점포 넓이에서부터 판매 시간대, 출하량에 이르기까지 길드의 규정은 동업자를 배제하고 시장에서 우위를 차지하려는 자유 경쟁을 전혀 허용하지 않는 빙식으로 이루어졌다. 그 대신 과당경쟁으로 인한 가격 하락을 방지함으로써 직업인의 생활을 보장하고 제품의 품질을 유지한다는 효용성을 지니고 있었다.

자유시장은 무한경쟁이 벌어지는 약육강식의 세계로 경쟁 과정에서 상품의 품질 개선을 촉진하는 긍정성을 지니고 있다. 그러나 중세 길드에는 시장 발전을 촉진하는 기능이 결정적으로 빠져 있었다. 길드의 규정은 오로지 현상을 유지하는 데 힘을 쏟는 소극적인 성격이 강했다. 길드가 지배하던 중세에는 일용품의 기능과 완성도가 개선되는 데 몇백 년이 걸리는 경우도 드물지 않았다.

화가도 우두머리 장인으로 홀로서기 해서 자신의 화실을 운영하려면 도제 수업이 필수였다. 또한 길드의 규약이 정한 몇 년의 수업을 마친 도제는 스승의 허가를 받기 위해 일종의 졸업 작품을 제출해야 할 의무가 있었다. 스승의 인정을 받기 위해 제출된 작품을 '마스터피스(masterpiece, 프랑스어로는 chef-d'oeuvre)'라고 했다.

오늘날에도 '마스터피스'는 '걸작'을 의미한다. 당시 화가는 '스승(마스터)'의 인정 없이는 개업이 용인되지 않았으며 스승의 인정을 받은 후에도 작품의 만듦새와 가격, 점포의 규모 등에 이르기까지 영업 전반에 걸쳐 스승을 대신하는 길드의 엄격한 관리를 받았다.

미켈란젤로가 어렵게 교황의 허가를 얻어
석공 길드를 탈퇴한 까닭

이러한 길드의 엄격한 규제를 달가워하지 않는 사람이 당연히 있었다. 대표적인 예로 미켈란젤로를 꼽을 수 있다. 미켈란젤로는 어렵게 교황의 허가를 받아 가까스로 석공 길드를 탈퇴할 수 있었다. 미켈란젤로 같은 예술가는 왜 길드를 탈퇴하고자 했을까? 길드에 속해 있는 한 교황에게 받는 총애의 크기와 상관없이 한 사람의 석공으로서 길드의 근로 규정을 따라야 할 의무가 있었기에 운신의 폭이 좁을 수밖에 없었던 탓이다. 그 점에서 레오나르도 다빈치도 예외는 아니었다. 그 역시 화공으로 피렌체의 동업자 조합, 즉 길드에 등록한 이후 그 규정을 철저히 준수해야 했다. 어쩌면 그는 자신을 옥죄는 조합의 구속이 마뜩잖아 고향을 버리고 밀라노 궁정에서 활로를 모색하려고 했을 수도 있다. 왕실은 당시 화공과 석공에게 길드의 규정이 미치지 않는 얼마 안 되는 해방구였기 때문이다.

르네상스와 종교개혁을 겪고 난 17세기는 회화시장의 패러다임이 과거의 주문 제작에서 점포 판매로 바뀌기 시작한 과도기였다. 또한 캔버스의 보급으로 회화의 '동산화'가 이루어지면서 작품을 자유롭게 거래할 수 있는 시장이 활성화되었다. 이러한 사회 분위기에서 길드의 까다로운 규제를 꺼리는 예술가가 나오는 것은 자연스러운 이치였다. 프랑스 왕실은 이러한 변화에 호응하는 형태로 유료 미술업 허가장을 발부하기 시작했다.

이 허가장을 발부받은 화공은 요즘 식으로 말하자면 '프리랜서'로 활동할 수 있었다. 아무튼 그런 분위기에서 갈수록 길드에 대한 소속감이 희미해지고 갑갑한 길드에서 탈퇴하려는 움직임이 본격화했다. 이렇게 길드에서 벗어난 화공들은 왕실에 왕립 아카데미 설립 필요성을 강하게 탄원했다. 설립 후 아카데미가 길드를 눈엣가시로 여긴 것도 무리는 아니다.

길드에서 벗어난 화공들은 아카데미 설립을 직접 호소할 구실을 미술 선진국 이탈리아 아카데미에서 찾았다. 이탈리아에서는 16세기에 피렌체 메디치 가문이 사설 아카데미를 설립했으며 교회 미술의 수도 로마에는 길드가 아카데미를 설립했기 때문이다. 길드를 탈퇴한 프랑스 화공 중에는 아예 외국으로 활동 무대를 옮기려는 사람도 많았다. 특히 이탈리아 르네상스를 주도한 피렌체와 교회 미술의 심장이라고 할 수 있는 로마는 이들 화공에게 학습과 활동의 장을 제공해주어 이곳으로 이주하려는 예술인도 적지 않았다. 이탈리아 아카데미의 문화 동아리에 가까운 교육은 길드의 도제 수업을 혐오하는 화공들에게 커다란 자극을 주었으며, 귀국 후 아카데미 설립 탄원으로 이어졌다.

원래 길드를 탈퇴한 화공은 왕실이 발행한 허가장을 구매한 시점에 이미 자신은 길드가 아닌 왕실에 귀속된 몸이라고 공개적으로 선언한 것이나 다름없었다. 그리고 현실적으로 왕실 관계자나 귀족과의 연줄 없이는 허가장을 살 수 없었다.

당연히 권력이나 재력의 힘을 얻어 근로 허가를 따낸 '무허가' 화공의 존재를 길드가 곱게 봐줄 리 없었다. 길드는 스승의 허가 없이 왕실 허가장만으로 개업하는 화공의 활동을 제한하게 해달라고 왕실에 정식으로 요청했다. 17세기 초의 일이다. 길드 측은 도제 수업을 거치지 않은 채 스승에게 작품을 제출하거나 심사를 거쳐 합격하지 않은 화공의 활동을 허가하는 왕실의 행태를 거세게 비난했다. 그것은 루터가 고발한 교황청의 면죄부와 마찬가지로 본래 돈을 주고 살 수 없는 자격을 판매해 예술의 가치와 수준을 떨어뜨리는 행위라고 주장했다.

사실 그와 비슷한 사태는 왕실을 지탱하는 귀족 제도의 내부에서도 횡행하기 시작했다.

원조 길드는 왜 왕립 아카데미에서 맞아들인
길드 탈퇴 화공과의 밥그릇 싸움에서 밀려났나

절대왕정을 뒷받침하는 상비군 제도가 정비되자 '싸우는 사람' 즉 무관인 옛 귀족은 존재감을 상실했다. 그리고 그들을 대신해 중앙집권 국가의 행정과 사법을 관장하는 관료 '법복 귀족(noblesse de robe, Nobles of the Robe)'이 급부상했다. 결국 이 새로운 관직도 매매 대상이 되고 말았다.

'무관 귀족(noblesse d'épée, Nobles of the Sword)'이라는 별칭으로 불린 옛 귀족은 전통과 격식에 긍지를 느끼면서도 시간이 지남에 따라 경제적으로 나날이 궁핍해졌다. 그들은 자산만 있다면 평민조차 누구나 될 수 있는 법복 귀족을 경멸하면서도 그들에게 돈을 빌려 연명하지 않으면 안 될 정도로 쇠락했다. 국부 증강을 중시한 중상주의를 국책으로 표방한 절대왕정은 무력을 지닌 무관귀족이 아닌 재력을 가진 법복 귀족을 우대했기 때문이다.

왕실이 화공의 허가장을 판매한 정책도 사실 이러한 시대 동향을 반영한 변화의 하나였다. 절대왕정 시대는 세습 영지가 부를 보장해주는 토지 중심주의에서 경제적 능력이 부로 직결되는 자본주의로 넘어가는 과도기에 해당한다. 이 시대에 그때까지 매매 대상이 되지 못했던 것들이 차례차례 팔려나가기 시작하면서 상업의 기반을 다져나갔다. 그 과정에서 변화한 현실에 적응하지 못한 옛 지배계급이 서서히 몰락했다.

그러한 의미에서 허가장을 발급받은 화공과 관직을 사들인 법복 귀족은 본질적으로 차이가 없었다. 실제로 훗날 아카데미의 주역이 된 왕실 예술가들은 궁정 예법에 정통한 프랑스식 신사(Honnête homme)와 맞먹는 수준의 까다로운 예법을 익혀야 했다. 왕립 아카데미에서 맞아들인 길드 탈퇴 화공과의 밥그릇 싸움에서 밀려난 원조 길드는 핏대를 세워가며 날선 비난을 퍼부었다. 사실 그들의 비난에는 시샘과 부러움이 뒤섞여 있었다.

'신의 길드'와 '왕의 아카데미'가 날카롭게 대립하던 시대

길드와 아카데미의 대립은 교회권력의 비호를 받던 동업자 조합이 관장하던 구시대 미술과 왕권의 비호를 받는 공기관이 통괄하는 신시대 미술 사이의 대립이기도 했다.

길드는 길드를 탈퇴한 후 왕실 허가장을 손에 쥔 화공의 활동이 교회의 권위를 모독하는 처사라며 문제 삼았다. 당시 길드가 왕실에 제출한 소장에서 왕실 허가장을 받은 길드 탈퇴 화공을 "주님의 명예, 성모 마리아의 영광, 천국의 성인, 교회의 교권을 더럽히는 기만이며 악습"이라고 거세게 비난하는 문구를 찾아볼 수 있다.

교권을 대신해 지상 왕국을 지배하게 된 왕권은 지극히 현실적인 이유로 길드 탈퇴 화공의 활동을 지원했다. 왕실은 미술을 '무기'로 휘둘러 왕권 강화라는 지상 과제를 완수하려고 했다. 그러던 중 왕실이 발 벗고 나서기도 전에 길드 탈퇴를 요구하며 들고일어선 화공의 요구가 빗발치자 왕실은 일씨구나 좋다 하며 허가장을 내주었다. 왕실이 보기에 왕실 아카데미 설립 요구는 왕권을 강화할 수 있는 절호의 기회였다. 좀 더 쉽게 말하자면 '호박이 넝쿨째 굴러들어온' 행운이었다고나 할까.

길드 측은 왕실 허가장을 지닌 화공의 활동을 왕실 미술 제작으로 제한해달라고 호소했다. 이유가 뭘까? 길드 탈퇴 화공을 도시 귀족과 부유한 시민의 미술품 수요에서 원천적으로 배제하기 위해서였다. 이러한 상황은 왕실 미술 아카데미 설립을 위해 순풍에 돛을 단 격이 되어주었다. 결과적으로 길드 측은 도시의 미술시장에서 반길드파를 몰아내는 대신 반길드파에게 왕립 아카데미의 이름으로 왕실 미술을 독점적으로 수주하는 권한을 부여한 셈이 되었다.

새롭게 설립된 아카데미 수뇌부에는 길드 탈퇴 화공들이 취임했으며, 길드 제도의 악습인 도제 제도에 대항하는 방식으로 교육 체제를 마련했다. 아카데미 수뇌부는 길드의 실천적 직업훈련인 도제 제도를 철저히 부정하고 이론적 학술교육으로서의 아카데미 교육 체계, 즉 '아카데미즘'이라는 개념을 창안해 예술에서 아카데미의 권위를 주장했다.

아카데미의 주장에 권위를 부여하려면 길드의 권위를 실추시키는 과정이 필수적이었다. 길드를 '야만적인 직인 집단'으로 몰아가는 흉흉한 분위기를 조성하고 시대에 뒤떨어지는 답답한 '노인네 모임'으로 평가절하한 것도 그런 이유에서였다. 아카데미 수뇌부는 길드 제도의 폐해를 부각시키는 한편 아카데미를 왕과 국가에 영광스러운 빛을 가져오는 단체라고 칭송하며 길드와 대척점에 놓았다. 이렇듯 길드의 전통 가치를 부정하고 길드의 권위를 무너뜨리려는 시도가 쉴 새 없이 이어졌다.

오늘날 '작가'라고 하면 어떤 인상이 떠오르는가? '체제에 얽매이지 않는 자유로운 발상의 소유자'라는 이미지가 겹치지 않을까? 그에 대해 직인은 '체제에 쉽게 순응하고 인습을 중시하는 꼬장꼬장한 기질을 지닌 사람'이라는 이미지가 있다. 이러한 인식은 절대왕정이라는 압도적인 권위를 방패 삼아 만들어진 체제 순응적인 가치관에서 그 기원을 찾을 수 있는 왕립 아카데미에서 비롯되었다. 아카데미의 길드 비판은 작품에까지 미쳤다. 그 결과 길드 '화공'의 작품보다 아카데미 '화가'의 작품이 더 뛰어나다는 일방적인 주장에 힘이 실렸다.

미술품은 아카데미 '작가'가 감독하며 길드 '직인'이 노동력을 제공해 제작하는 방식이 좀 더 바람직하다는 관념이 확립되었다. 그리고 이러한 계급적 분담제가 법령으로까지 제정되자 길드는 분노하며 항의했으나 그들의 주장은 끝내 받아들여지지 않았다. 이론이 현실보다 우위라는 발상이 자리 잡으며 학술교육이 직업교육보다 중요하다는 사고방식도 함께 자리 잡은 시대였다.

이러한 아카데미의 '작가'와 길드의 '장인'을 가르는 것이 데생이라는 '과학적' 배경을 지닌 교육의 유무였다.

레오나르도 다빈치의 해부도가
책으로 만들어져 대중에 공개되었다면
'해부학의 아버지'로 자리매김 했을 것이라는데?

17세기는 '과학혁명'의 세기로 알려졌다. 그 이전 16세기는 코페르니쿠스(Nicolaus Copernicus, 1473~1543)의 지동설과 함께 근대 과학의 아버지 갈릴레오(Galileo Galilei, 1564~1642), 근대 물리학의 아버지 뉴턴(Isaac Newton, 1642~1727)이 차례로 등장하며 현대 과학의 기반을 닦은 시대였다. 그런데 알고 보면 그들보다 먼저 회화 기술을 매개로 의학 분야에서 상당한 성과를 낸 '의학의 아버지' 레오나르도 다빈치가 있었다.

레오나르도 다빈치는 수많은 해부 소묘를 남겼다. 그의 해부도는 현대 의학의 그것과 견주어도 전혀 떨어지지 않는 정확성으로 인해 그로부터 200여 년 후 일어난 과학혁명의 선구자로 여겨진다. 방대한 수기와 함께 남겨진 다빈치의 해부도는 왕실과 지방 귀족이 은밀하게 소장했기에 대중에 공개되어 누구나 볼 수 있게 된 것은 몇백 년 후의 일이다. 만약 르네상스 시대에 레오나르도 다빈치의 해부도가 책으로 만들어져 대중에 공개되었다면 그는 틀림없이 '해부학의 아버지'로 자리매김했을 것이다. 그러나 당시에는 해부가 금기시되었기에 레오나르도 다빈치의 해부도는 공개될 수 없었다. 현실적으로도 교황의 금지령으로 해부를 꺼리는 분위기가 역력했다. 다빈치도 그림 작업을 위해서라고는 하지만 시신을 해부하고 그 과정을 꼼꼼히 기록하는 동안 견디기 힘든 공포와 혐오를 극복해야 했다고 수기에 적었다. 다빈치의 인내와 용기는 그가 남긴 인체 묘사에 매우 뛰어난 사실성을 부여했으며, 그가 정점을 찍은 르네상스 시대의 인체 데생은 과학혁명을 이끈 뛰어난 과학적 탐구 행위로 인정받는다.

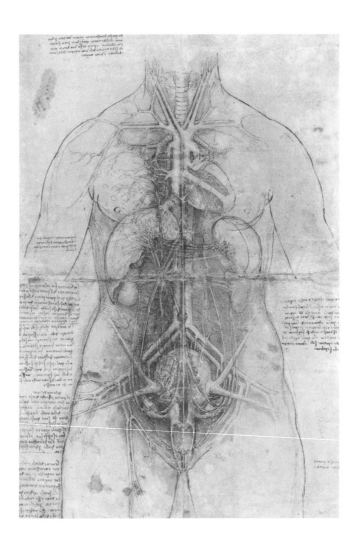

레오나르도 다빈치의 '해부 드로잉', c. 1510, 윈저성 왕실 도서관

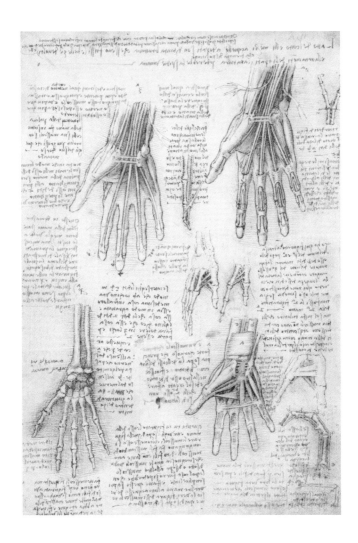

레오나르도 다빈치의 '손의 뼈, 근육, 힘줄 드로잉', c. 1510, 윈저성 왕실 도서관

데생과 과학은 떼려야 뗄 수 없는 관계였기에 데생은 아카데미 교육의 기초 과목으로 선정되었다. 해부학 지식을 갖춘 화가가 그린 인체 데생은 아카데미 교육의 정체성을 보장해주었으며, 의대에서나 볼 수 있을 듯한 인체 해부 실습이 아카데미의 필수 교육 과정에 포함되었다. 그와 함께 인체 데생은 아카데미 교육생이 졸업 전 필수적으로 거쳐야 할 교육 과정으로 받아들여졌다.

이러한 아카데미의 움직임에 길드는 거세게 반발했다. 길드는 아카데미에 질 수 없다며 길드 소속 직속 교육기관을 설치하고 아카데미를 모방해 인체 데생을 커리큘럼에 포함시켰다. 그러자 그에 맞서 아카데미 측은 왕명에 따라 길드에 데생 교육을 금지한다는 조치로 맞섰다. 당시 기록을 살펴보면 남성 누드모델 사용 허가에 관한 길드 측의 요청과 왕실의 허가는 일진일퇴하는 양상을 보였다. 남성 모델 사용 허가를 둘러싸고 양측이 팽팽하게 힘겨루기하며 갈등을 빚는 모습은 속사정을 모르면 밥그릇을 둘러싼 황당한 촌극으로밖에 보이지 않는다.

지금까지 소개한 아카데미와 길드 사이의 공방전은 미술교육의 권위를 보증하는 인체 데생이라는 과학 교육 과정을 둘러싸고 두 집단 혹은 단체 간에 벌어진 지리멸렬한 투쟁 기록이라고나 할까. 아무튼 교육기관에서 누드모델을 교재로 데생을 가르칠지 말지를 두고 다툰 문제는 교육의 권위를 다투는 문제와도 직결된다.

길드 측 지도자에게 강의를 의무화하는 꼼수로
길드를 괴롭히고 길들이려 한 왕립 아카데미

예술가 양성 방법을 두고 벌어진 두 단체 간 투쟁은 무승부로 끝나는 듯했다. 그러나 실상은 그렇지가 않았다. 투쟁은 때론 노골적으로 때론 은밀하게 지속되었다. 한때 길드 측이 세력을 회복해 아카데미와 길드가 공동으로 운영하는 중립지대로 공동 교육기관이 설치되기도 했다. 그러나 이내 아카데미 측은 그에 대한 대응책으로 길드 측 지도자에게 강의를 의무화하는 식의 꼼수로 길드를 곤란하게 만들고자 했다. 강의 의무화 조치가 왜 길드 측 지도자들을 곤란하게 했을까? 길드의 스승들은 실천 교육에는 이골이 났어도 이론적인 강의에는 서툴렀기 때문이다.

우여곡절을 겪은 뒤 양측의 힘겨루기는 결국 아카데미의 승리로 끝났다. 그 결과 길드의 도제 제도에서 공방과 현장 실습을 매개로 기술을 배우는 직인 수업은 아카데미의 과학적이고 이론적인 학술 교육보다 열등한 직업 훈련이라는 인식이 대중에 스며들기 시작했다. 미술품 제작은 이론적인 아카데미 교육을 받은 '작가'가 실습 경험밖에 없는 길드 출신 '직인'을 통괄하는 형태로 이루어지는 것이 바람직하다고 보는 아카데미 우위 사상이 확립되었다.

이러한 논리에 따라 확립된 아카데미즘 권위 세우기 작업은 아카데미 내부 직함에도 영향을 미쳤다. 지도자의 명칭은 길드 분위기가 남아 있는 단어 '고참(ancien)'에서 선행자를 의미하는 '교수(professeur)'로 바뀌었다. 아카데미 원장의 직함도 초반에는 길드에서 사용하던 그대로 '스승(chef)'이었으나 지도자를 의미하는 '감독(directeur)'으로 바뀌었다. 또한 미술교육의 주역은 전통을 고집하는 길드의 '스승'에서 선구적 지도자인 아카데미 '교수'로 바뀌었다. 이런 식으로 왕립 아카데미는 글자 그대로 미술의 왕도를 걷는 사람들이 다니는 기관으로 재탄생했다. '작가'는 '직인'보다 우위라는 인식이 지배적인 오늘날에 익숙한 '작가를 우대하는' 풍조는 이미 이 시기에 만들어진 셈이다.

참고로 왕립 아카데미 설립 초기 규약에는 미술을 의미하는 단어로 '기예(art)'를 사용했다. 이 시점에서는 길드가 담당한 '기술'로서의 미술과 아카데미가 담당한 '학술'로서의 미술 사이에 명확한 구별이 존재하지 않았기 때문이다. 그러나 왕립 아카데미의 발전과 더불어 이 '기예' 중에서도 특히 뛰어난 작품은 왕의 영광을 빛내는 '미술(arts)'이라고 부르게 되었다.

이는 유려하고 고귀한 '미(beaux)'를 창조하는 '기예'라는 뜻이다. 이러한 '미술'의 주역이 된 왕립 아카데미는 루이 왕정 시대 프랑스에서 왕실 미술의 황금시대를 활짝 열었다. 그리고 마침내 프랑스 혁명으로 아카데미는 왕실과 함께 타도의 대상이 되었다.

혁명을 통해 프랑스가 이탈리아를 능가하는 미술 선진국으로,

파리가 고대 로마를 뛰어넘는 미술의 수도가 되기를 꿈꾸고 갈망한 인물이 있다. 그는 바로 프랑스 혁명 이후 황제가 된 나폴레옹 보나파르트다.

6

미술의 '프레젠테이션 기능'을
영리하게 활용한 인물,
나폴레옹

히틀러를 거쳐 현대 광고 기법으로 이어진

나폴레옹의 이미지 전략

나폴레옹 보나파르트. 그는 미술이 지닌 프레젠테이션 기능을 가장 적극적으로 활용한 근대 황제로 알려져 있다. 나폴레옹은 프랑스 수도 파리를 고대 로마와 같은 제국의 수도로 만들겠다는 야심만만한 꿈을 오랫동안 꾸었다. 그런 터라 그는 개선문과 오 벨리스크 등 로마 분위기를 물씬 풍기는 기념 건축물을 파리 시 내 곳곳에 배치해 근대 제국의 수도 파리의 위엄과 영광을 프랑 스 대내외에 과시했다.

뛰어난 통찰력을 지닌 리더였던 나폴레옹은 미술이 대중에게 미치는 영향력을 정확히 간파하고 있었다. 요즘 식으로 말하면 그는 '인스타 셀카 장인'이라고나 할까. 따지고 보면 그는 SNS라 는 서비스에 꼭 맞는 시각 연출 전략을 디지털 시대가 오기 전에 이미 실현한, 시대를 앞서간 보기 드문 인물이었다.

나폴레옹의 프레젠테이션 능력은 건축, 회화, 조각, 인테리어, 보석, 패션 등 여러 영역을 넘나들었다. 그는 고대 유물에서 발굴한 것으로 보이는 고전적인 기념 메달을 만들고 신문 보도를 통제하는 등 광범위하고도 정교한 미디어 관리와 홍보 전략으로 자신의 영웅적 이미지를 대대적으로 선전했다. 제2차 세계대전 당시 히틀러(Adolf Hitler, 1889~1945)가 이끄는 나치스 독일은 군복에서 건축까지 고대 로마제국을 철저히 모방해 카리스마 넘치는 디자인으로 통일함으로써 대중의 시선을 사로잡았다. 히틀러는 나폴레옹 전략을 계승했으며, 현대의 광고 기법은 이러한 나폴레옹의 이미지 전략을 원형으로 확립되었다.

그뿐이 아니다. 현대 미국 대통령 관저인 백악관이 고대 신전 콘셉트로 지어진 배경에도 나폴레옹이 자리하고 있다. 또한 미국의 수도 워싱턴 중심부에 우뚝 서 있는 기념탑이 미국사와 무관한 이집트의 오벨리스크를 본뜬 데에도 나폴레옹에서 시작된 근대의 고대 제국 부활 움직임을 계승하고자 하는 의지가 잘 반영되어 있다. 그러고 보면 나폴레옹, 히틀러, 그리고 미국의 대통령들……. 권력의 정점에 오르는 사람은 누구나 '모든 길은 로마로 통한다'고 믿는 모양이다.

프랑스 왕당파의 반란군이 농성 중이던 항만도시 툴롱으로 군대가 파견되어 전투를 치렀다. 이른바 '툴롱 포위전'으로 알려진 사건으로, 1793년의 일이다. 이 일을 계기로 권력으로 올라가는 계단, 아니 초고속 엘리베이터에 오른 인물이 있다. 이탈리아령 이던 코르시카섬 출신 포병 장교 나폴레옹 보나파르트가 바로 그 다. 나폴레옹은 기존의 충돌 전법을 답습하지 않고 고지에서 대 포로 적을 공격하는 근대적인 전술의 가치를 최초로 증명한 탁월 한 전략가였다. 그러한 점을 인정받으며 폭넓은 지지를 얻은 나 폴레옹은 스물네 살 젊은 나이에 소장으로 초고속 승진했다. 이 러한 능력 위주 인재 선발 및 발탁은 프랑스 혁명에서 등장한 국 민 징병제가 그 바탕이 되었다. 그 덕분에 귀족 자제에게 특혜를 주던 혁명 이전의 장교 인사는 프랑스 혁명으로 인해 군대에서 급속히 자취를 감추었다.

그로부터 3년 후 나폴레옹군은 오스트리아군과의 전투에서 승리를 거두었고 군대 내에서 나폴레옹의 입지는 더욱더 탄탄해 졌다. 나폴레옹은 미술이 총 못지않게 강력한 '무기'가 될 수 있 음을 간파했다. 그랬기에 그는 이탈리아 북부에 드넓은 프랑스 영토를 획득한 이탈리아 원정 당시 종군 화가를 대동했다. 원정 에 앞서 나폴레옹은 프랑스 화단의 거장 자크 루이 다비드(Jacques-Louis David, 1748~1825)에게 종군 화가 보직을 제안했다. 그러나 다 비드는 고령을 이유로 거절했고, 대신 그의 제자 앙투안 장 그로 (Antoine-Jean Gros, 1771~1835)가 종군 화가가 되었다. 그때까지 왕이 종군 화가를 대동한 사례는 있었으나 당시 나폴레옹처럼 일개 장 군의 지위로 화가를 대동한 사례는 없었다.

나폴레옹을 숭배하던 베토벤이 그의 황제 즉위 소식을 듣고
악보에 적어 놓은 헌사를 찢어버린 이유

이탈리아 원정 성공으로 자신이 프랑스의 절대권력자가 될 수 있음을 예감한 나폴레옹은 1798년 이집트 원정 당시 다비드에게 다시 한번 종군을 의뢰했으나 역시 거절당했다. 이번에도 그는 장 그로를 동행시켰다. 나폴레옹의 이집트 원정은 고대 그리스의 젊은 왕으로 북아프리카부터 인도에 이르는 대제국을 건설한 알렉산드로스 대왕(Alexander III, 재위 336~323 BC)과 자신을 동일화하는 과정이었다. 이제 일개 장군의 지위에 만족할 수 없었던 나폴레옹은 쿠데타로 정권을 장악하고 제1 집정관이라는 실질적 국가 원수의 지위에 올랐다. 1799년의 일이다.

그로부터 5년 후 나폴레옹은 의회의 결의와 국민투표로 압도적인 지지를 얻어 황제에 즉위했다. 나폴레옹을 숭배하던 작곡가 베토벤(Ludwig van Beethoven, 1770~1827)은 혁명 정신을 전파하는 영웅에게 바치는 교향곡 〈영웅(Eroica)〉(1803~1804)을 완성한 직후 그의 황제 즉위 소식을 전해 들었다. 베토벤은 그 소식에 어떻게 반응했을까? 자신이 악보에 적어넣은 헌사를 모조리 지우고 갈기갈기 찢어버렸다고 한다. 이처럼 베토벤을 비롯한 일부 지식인은 분노했으나 나폴레옹의 황제 즉위는 민중의 요청에 화답한 정치적 퍼포먼스 성격이 컸다. 프랑스 혁명으로 왕권과 교회 권력을

모두 타도한 프랑스 시민은 구시대의 왕이나 신과 같은 초월적 존재를 상실한 데서 오는 허무함을 떨쳐낼 수 없었기에 황제라는 좀 더 강력한 지도자를 원했다.

한편 프랑스를 포위한 각국 왕실은 자신들에게도 불똥이 튀지 않을까 노심초사하며 프랑스 시민혁명의 추이를 예의주시하고 있었다. 당시 프랑스를 제외한 대다수 유럽 국가는 혁명 정부 타도를 공통의 목적으로 내세우며 힘을 합쳤다. 그에 맞서기 위해 프랑스는 왕당파 연합군에 대항할 수 있는 시민국가로서 통합을 완성해야 했는데, '국민'이라는 새로운 개념을 대중의 머릿속에 각인시킬 필요가 있었기 때문이다. 그러나 시간이 너무도 빠듯했다. 프랑스는 짧은 시간 안에 민중을 통일하고 국민 국가를 완성해 호시탐탐 자신을 노리는 외세와 맞서 싸우도록 무장시켜야 했다.

프랑스 혁명의 영향으로 민중은 왕의 다스림을 받던 '백성'에서 주권자인 '국민'으로 변신했다. 혁명 전 그들은 왕의 충실한 신하이자 백성이라는 사실을 정체성으로 삼고 왕정 시대를 살았다. 그러다가 혁명이 발발했고 자신들이 인권을 가진 주권자임을 깨닫게 되면서 근대 국가의 국민으로 변신하고 일치단결했다. 왕정 복고를 노리는 다른 나라의 손에 프랑스를 넘겨주지 않으려면 프랑스 국민은 온전히 한마음이 되어 새로운 프랑스를 건설해야 했다. 다시 말해 자유로운 시민의 단결을 촉구하는 중앙집권 체제라는 모순된 조직을 급조해 프랑스를 노리는 왕권 국가의 급습에 제대로 대항하지 못하면 자칫 국가의 존립 자체가 위태로워질 수도 있는 절체절명의 상황이었다. 혁명으로 탄생한 새로운 국가 프랑스는 시작부터 바람 앞의 등불처럼 불안한 상태로 출발선에 선 셈이었다. 이런 상황에서 국민의 기대에 부응하기라도 하듯 '혁명 정신을 내세운 독재자'라는 거대한 모순을 안은 불세출의 영웅 나폴레옹이 혜성처럼 등장했다.

나폴레옹은 왜 자신에게 황제의 관을 씌워주려는 교황의 손에서 왕관을 낚아채듯 받아 직접 머리에 얹었을까?

나폴레옹의 황제 대관식은 1804년 12월 2일 파리 노트르담 대성당에서 열렸다. 대관식을 주관한 이는 교황 비오 7세(Pope Pius VII, 재위 1800~1823)였다. 대관식 당일 나폴레옹은 그에게 황제의 관을 씌워주려는 교황의 손에서 왕관을 낚아채듯 받아 스스로 머리에 얹었다. 이 행위로 그는 프랑스 황제 자리는 교황에게 하사받은 것이 아니라 자신이 직접 쟁취한 것임을 만방에 공표한 셈이었다. 프랑스의 군사적 압력에 굴복해 머나먼 로마에서 내키지 않는 발걸음을 한 교황에게 나폴레옹의 불경스러운 행위는 이중의 굴욕이었다.

신의 대리자인 교황조차 슬슬 눈치를 보아야 하는 절대권력자가 된 나폴레옹. 그는 황실 수석 화가로 임명한 자크 루이 다비드에게 이날의 모습을 전하는 〈나폴레옹 1세 대관식(The Coronation of Napoleon)〉(1807)을 그리도록 명령했다. 세로 621센티미터, 가로 979센티미터인 이 작품은 렘브란트 〈야경〉의 네 배에 달하는 대작으로, 오늘날의 작은 아파트(60여 제곱미터, 18평) 하나를 가득 채우는 엄청난 규모를 자랑한다. 행사 참석자에게는 등장인물로 그려져 화폭에 담기는 것이 대단히 명예로운 일이었는데, 그러한 의미에서 이 그림은 나폴레옹 황실의 집단 초상화라고 할 수 있다.

17세기 네덜란드 시민 회화와 19세기 프랑스 집단 초상화의 가장 큰 차이점은 무엇일까? 17세기 네덜란드 시민 회화가 그림 주인공들의 갹출 방식으로 그려졌다면, 19세기 나폴레옹 황실의 집단 초상화는 나폴레옹의 단독 주문, 단독 결제로 그려진 황실 회화라는 점이다. 황제가 화가에게 약속한 보수는 10만 프랑이었다. 계산 방법에 따라 약간의 편차는 있으나 오늘날 화폐 가치로 환산하면 대략 10억 원에 달하는 거액이었다. 그런데 화장실 들어갈 때 마음 다르고 나올 때 마음 다르다고, 그림을 받아든 정부 당국이 4만 프랑으로 값을 깎겠다고 흥정하고 나서는 바람에 다비드와 옥신각신 실랑이를 벌였다는 후일담이 있다.

자크 루이 다비드는 이 대작에 3년여 시간을 투자했다. 밑그림을 그릴 때 다비드는 실제 상황을 반영해 나폴레옹이 자신의 머

자크 루이 다비드, 〈나폴레옹 1세 대관식〉
1807, 캔버스에 유채, 621×979cm, 루브르 미술관, 파리

리에 황제의 관을 직접 올리는 모습을 스케치했다. 그러나 교황의 심기를 거스르고 싶지 않았던 다비드는 황제가 교황을 무시하는 듯한 장면을 감히 그릴 수 없었던 모양이다. 고심 끝에 그가 밑그림을 지우고 다시 그려 완성한 그림에는 나폴레옹이 조제핀 황후의 머리에 왕관을 씌워주는 모습으로 수정돼 있다.

고대 분위기를 물씬 풍기는 흰 바탕에 금박 자수 로브를 입고 진홍색 가운을 두르고 황금 월계관을 쓴 나폴레옹의 모습은 로마제국 황제의 재림을 연상시킨다. 황제 조제핀도 마리 에티엔 니토(Marie-Étienne Nitot), 즉 오늘날까지 건재하는 명문 보석회사 '쇼메(Chaumet)' 창업자가 세공한 다이아몬드 티아라를 쓰고 화려하게 빛나는 고풍스러운 로브를 걸쳐 간소하면서도 우아한 선이 돋보이는 로마 황실의 패션 미학을 근대 파리에 부활시켰다.

다비드는 대관식에 참석한 관계자 200명이 당일 착용한 의상과 장신구를 꼼꼼하게 점검해 화면에 재현했다. 참석자는 그 누구든 이 영광스러운 그림에 그려지는 자체만으로 가문의 영광이었다. 당대의 그림은 오늘날 결혼식이나 돌잔치, 회갑연 같은 중요한 행사에서 찍는 기념사진, 기념 앨범 같은 역할을 했다.

나폴레옹 집안도 누추한 차림새로 새로운 황제에게 누가 되지 않도록 최대한 공들여 치장하고 참석했다. 황후 조제핀의 옷자락을 들어준 엘리자베스 엘렌 피에르 드 몽모랑시 라발(Elisabeth-Hélène-Pierre de Montmorency-Laval)이 머리에 쓴, 로마신화에 등장하는 곡물의 여신 케레스를 상징하는 밀 이삭 티아라는 미모로 유명한 그녀의 머리를 장식한 이후 유럽 상류층 패션을 휩쓸었다. 그 바람에 한동안 각국 왕실과 사교계에서 고대 여신 복장을 한 귀부인 떼가 출몰하는 진풍경을 볼 수 있었다. 사반세기 후 런던 웨스트민스터 사원에서 열린 빅토리아 여왕(Queen Victoria, 재위 1837~1901)의 대관식에서는 여왕의 옷자락을 든 열두 명의 숙녀가 모두 밀 이삭 티아라를 쓰기도 했다. 다만 나폴레옹 황실의 수명은 길지 못했기에 유럽 각국의 왕실 미술에 결정적인 영향을 미치지는 못했다.

일설에 따르면, 황제 나폴레옹은 자크 루이 다비드가 완성한 대작을 반 시간 넘게 말없이 들여다본 후 화가에게 깊은 감사를 표했다고 전해진다.

"마치 그림에 들어간 듯한 기분이다!"

그림을 받아든 나폴레옹은 화가의 뛰어난 솜씨를 격찬했다.

이 대작에 앞서 자크 루이 다비드가 나폴레옹을 그린 작품이 〈알프스를 넘는 나폴레옹(Napoleon Crossing the Alps)〉(1801)이다. 뒷발로 선 백마에 올라탄 젊은 나폴레옹의 모습은 루이 14세의 초상화와 나란히 역사 교과서 등에 자주 등장해 우리에게 친숙하다. 그러나 이 그림과 관련해 한 가지 알아야 할 사실이 있다. 루이 14세의 초상화는 실물을 반영해 상당히 사실적으로 그려진 데 반해 나폴레옹의 초상화는 거의 허구에 가까운 작품이라는 점이다.

자크 루이 다비드, 〈나폴레옹 1세 대관식〉 부분

'상징 이미지 조작'의 끝판왕, 〈알프스를 넘는 나폴레옹〉

이 그림의 가장 큰 허구는 나폴레옹이 탄 백마다. 그림 속 백마는 나폴레옹의 애마를 모델로 그렸으나 알프스를 넘을 때 그가 실제로 탄 말은 당나귀와 말의 교배종으로 추위에 강한 노새였다. 참고로, 말은 추위와 험한 길에 약해 훗날 러시아 원정에서 나폴레옹 대군의 발목을 잡기도 했다.

나폴레옹 사후에 그려진 작품에서는 이러한 사실을 반영해 험로에 강한 노새를 타는 모습으로 묘사되었고, 그의 용모도 실제와 마찬가지로 왜소하고 땅딸막한 체형으로 그려졌다. 이와 달리 자크 루이 다비드가 그린 〈알프스를 넘는 나폴레옹〉은 외모를 이상화해 그를 키가 훤칠한 미남 청년으로 그렸다.

기마상은 예로부터 권력자의 가장 공식적인 초상화로 여겨졌다. 레오나르도 다빈치도 밀라노에 머물던 시절 〈최후의 만찬〉과 맞먹는 대작으로 밀라노 공의 기마상을 제작했다. 그러나 안타깝게도 시작 단계에 프랑스군이 밀라노를 침공하는 바람에 오늘날 그 모습을 볼 수 없게 되었다. 아무튼 고대 로마 시대부터 이어져 내려온 권력자의 초상화를 그리는 전통적인 공식에 따르면 역시 노새보다는 말에 올라탄 모습이 좀 더 그럴 듯해 보이는 것이 사실이다.

자크 루이 다비드는 화면 왼쪽 아래 바위에 '보나파르트'라는 나폴레옹의 성을 적어 넣었다. 이는 험준한 알프스를 넘어가서 로마군을 격퇴한 고대 카르타고 명장 한니발과 서유럽 전역을 아우르는 프랑크 왕국을 세운 샤를마뉴 대제라는 전설적 영웅들과 함께 '알프스를 넘어 유럽을 지배하는' 나폴레옹의 이름을 바위에 새김으로써 '전설적 영웅' 이미지를 각인시키고자 하는 의도였다.

이 작품은 철저하게 계획되어 만들어진 근대 황제의 공식 이미지로 몇 점의 모사화를 제작해 나폴레옹의 영웅적 이미지를 유포하는 홍보물 역할을 해왔다. 또한 이 그림이 오늘날 여러 나라의 교과서에 실리면서 영웅 나폴레옹의 이미지를 대중의 뇌리에 각인시켰다.

성스러운 정면 얼굴, 기념비적인 옆얼굴,
자연인으로서의 비스듬한 얼굴

우리는 말을 탄 그림 외에도 나폴레옹의 모습을 그린 작품을 쉽게 볼 수 있다. 고대 그리스 신을 본뜬 모습부터 그리스도를 흉내 낸 모습까지 다양한 변형으로 당대 화가와 조각가가 나폴레옹에게 부여하고자 했던 초인적인 이미지가 오늘날까지 전해진다.

고대 그리스 신의 이미지를 그대로 가져온 조각은 그리스의 육

체미를 선보이는 근육질 대리석상으로 〈평화의 중재자 마르스로 화한 나폴레옹(Napoleon as Mars the Peacemaker)〉(1802~1806)이라는 거창한 제목이 붙은 작품이다. 이는 당시 이탈리아 조각을 대표하는 거장 안토니오 카노바(Antonio Canova, 1757~1822)가 전설적인 로마 시대 조각을 모방해 제작한 작품으로, 바티칸의 보물 〈벨베데레 아폴로(Belvedere Apollo)〉(c. 120~140)를 군신에 빗대어 묘사한 나폴레옹 상이다.

흥미롭게도 이 작품이 소장된 장소는 워털루 전투에서 나폴레옹 군대와 맞붙은 적장 영국 웰링턴 공작(Arthur Wellesley, 1st Duke of Wellington)의 저택 앱슬리 하우스다. 어쩌다 그곳에 작품이 소장된 것일까? 웰링턴 공작은 한때 실각한 나폴레옹이 유배돼 있던 지중해의 엘바섬을 탈출해 재기를 노리며 자신과 벌인 워털루 전투에서 승리한 후 그 작품을 사들였다고 한다. 사실 웰링턴 공작을 비롯해 나폴레옹과 싸운 군인 중에는 열렬한 나폴레옹 신봉자가 많았다. 그런 터라 나폴레옹의 초상을 새긴 장식품이나 담뱃갑이 마치 오늘날 연예인의 얼굴 사진을 넣어 만든 각종 상품처럼 자신의 영웅을 가까이 두고 흠모하고 싶어 하는 팬들에게 소장 가치가 있는 물건으로 여겨졌다. 나폴레옹을 신봉하는 이들은 나폴레옹과 관련된 여러 수집품을 늘 곁에 두고 애지중지하며 그를 그리워했다. 어쩌면 전장에서 상대한 군인만 이해할 수 있는, 나폴레옹의 매력이 그들을 팬으로 만들었을 수도 있다.

자크 루이 다비드, 〈알프스를 넘는 나폴레옹〉 1801, 캔버스에 유채, 261×221cm, 말메종 성

(왼쪽) **안토니오 카노바, 〈평화의 중재자 마르스로 화한 나폴레옹〉**
1802~1806, 대리석, 높이 345cm, 앱슬리 하우스, 런던
(오른쪽) **〈벨베데레 아폴로〉** c. 120~140, 대리석, 높이 224cm, 바티칸 미술관

한번 만난 사람을 순식간에 매료시켜 자기 사람으로 만들어 버리는 나폴레옹의 카리스마를 그리스도의 매력에 빗댄 작품도 있다. 다비드의 제자 장 오귀스트 도미니크 앵그르(Jean-Auguste-Dominique Ingres, 1780~1867)가 그린 〈왕좌에 앉은 나폴레옹 1세(Napoleon I on His Imperial Throne)〉(1806)가 바로 그 작품이다. 그림 속 융단에 그려진 독수리는 고대 로마와 중세 프랑스 왕조에서 황제의 상징으로 쓰였으며, 옷에 수놓인 벌 문양은 황제에게 바치는 충성을 상징한다. 이 그림은 황제 나폴레옹이 지닌 군주로서의 정통성을 상징하는 작품이다.

전통적으로 유럽 인물상에서는 얼굴의 방향에 중요한 의미를 부여한다. 그런 맥락에서 정면을 향하는 얼굴은 성스러운 이미지를 연출함으로써 주로 예배당을 장식하는 종교화에 자주 사용되는 구도였다.

종교화에서 정면을 향하는 얼굴은 하나님과 예수 그리스도, 기독교 성인 상을 그릴 때 주로 사용되는 구도였다. 또 옆얼굴은 고대 그리스·로마 동전 등에 주로 사용되었기에 기념비적 의미와 영원한 이미지를 부여하기 위한 구도로 자주 사용되었다.

정면상과 옆얼굴의 뒤를 이어 자연스러운 분위기를 풍기는 비스듬한 각도로 얼굴을 그리는 구도가 탄생했다. 한데 이 구도는 사실 묘사 기법으로 유화를 그린 북유럽에서 르네상스 초기에 그려지기 시작했으며, 훗날 이탈리아에 전해져 레오나르도 다빈치의 〈모나리자〉에서 완성되었다. 자연인으로 인간미가 느껴지는 비스듬한 각도의 얼굴은 사실주의 정신이 발달한 르네상스 기풍과 잘 맞아떨어졌고 이후 인물상에 주로 사용되었다. 그와 대조적으로 정면상과 옆얼굴의 경우 양식적인 성격이 강해 신과 성인과 권력자를 주인공으로 내세운 고대 중세미술에서 다양한 예시를 찾아볼 수 있다.

정면을 응시하도록 그려진 그림 속 얼굴에 끌리는 사람은 성스러움과 더불어 권위가 부여하는 이미지에 매력을 느끼기 쉽다. 그런 이는 기도와 경외의 대상이 되는 캐릭터를 갈구하는 경향이 강하다고 볼 수도 있지 않을까. 그와 달리 옆얼굴을 그린 작품에 끌리는 사람은 기념과 기억에 얽힌 이미지를 선호하고, 영원불멸을 동경하며, 찰나의 순간에서 느껴지는 향수를 존중하는 성향이 강하다. 같은 맥락에서 비스듬한 방향의 얼굴에 끌리는 사람은 자연인 혹은 현실적으로 친근감이 느껴지는 이미지를 선호하며 자연스러운 분위기에 높은 점수를 주는 경향이 있다.

물론 이 세 가지 경향은 한 인간 속에 공존하며 시기와 상황에 따라 그 사람이 끌리는 인물화의 유형도 달라질 수 있다. 그 순간 당사자가 원하는 이미지가 성스러운지, 영원한지, 자연스러운지에 따라 인물화를 바라보는 관점이 달라지고 마음을 끄는 얼굴 각도도 달라질 수 있다.

장 오귀스트 도미니크 앵그르, 〈왕좌에 앉은 나폴레옹 1세〉
1806, 캔버스에 유채, 259×162cm, 파리 군사박물관

다비드는 왜 황제 나폴레옹을 그린 두 작품
〈나폴레옹 1세 대관식〉과 〈알프스를 넘는 나폴레옹〉의 각도를
다르게 설정했을까?

이러한 관점으로 나폴레옹을 그린 그림을 찬찬히 살펴보면 이
제까지 몰랐던 전혀 새로운 사실을 알 수 있다. 그것은 바로 구도
의 문제다. 즉 대관식에서 나폴레옹은 옆얼굴로 그려진 데 반해
알프스를 넘는 나폴레옹은 비스듬한 각도로 얼굴을 드러내는 구
도로 그려졌다. 이는 절대로 우연의 산물이 아니다. 화가가 모델
의 얼굴 각도까지 치밀하게 계산해서 그린 고도의 이미지 연출
전략이다.

다비드는 왜 황제 나폴레옹을 그린 두 그림의 각도를 다르게
설정했을까? 황제 대관식 장면에서는 내관식 장면을 영원히 각
인하기 위해 옆얼굴을 선택했고, 나폴레옹이 알프스를 넘는 장면
에서는 용감무쌍한 나폴레옹을 생생히 묘사하는 데 비스듬한 각
도의 얼굴이 안성맞춤이었기 때문이다. 신과 같은 무소불위의 권
력을 가진, 왕좌에 앉은 나폴레옹의 정면 얼굴을 본 사람은 누구
나 마치 교회에서 십자가 앞에 무릎을 꿇고 기도하는 사람처럼
그림을 올려다보는 자세를 취하게 된다. 이러한 얼굴 방향 설정
을 과연 화가가 애초 의도했는지는 명확히 증명해주는 자료가 없
어 확인할 길이 없으나 적어도 정면상만은 의도적으로 이 구도를

선택했을 가능성이 매우 크다. 왜냐하면 당대에는 교회의 성상을 떠올리게 하는 얼굴 묘사가 일반인의 초상화에서는 금기였기 때문이다.

사진이 없던 시대에 영웅이나 유명인사의 얼굴을 대중에게 알리고 전하는 도구는 그림과 조각밖에 없었다. 나폴레옹은 미술작품의 강력한 영향력과 마술에 가까운 효능을 잘 알고 있었기에 초상화나 기념행사 기록 외에도 화가를 고용해 자신의 행적을 그림으로 그리도록 주문했다. 요즘 식으로 말하자면 자신의 일거수일투족이 유권자들에게 노출되도록 뉴스 영상으로 찍고 보도자료를 내도록 지시하는 유능한 정치인의 노련한 감각이 느껴진다고 할까. 나폴레옹이 주문해 제작된 '뉴스 회화'만도 150점이 넘었다. 그중에서도 초인 나폴레옹 이미지 홍보에 크게 기여한 그림이 있다. 바로 이집트 원정의 거점인 시리아 자파에서 페스트에 걸린 병사를 문병하는 상황을 묘사한 작품이다.

이 작품을 그린 이는 이탈리아 원정 이후 나폴레옹의 종군 화가로 동행했던 앙투안 장 그로다. 그가 그린 〈자파의 페스트 환자를 위문하는 나폴레옹(Bonaparte Visiting the Pesthouse in Jaffa)〉(1804)이 발휘한 이미지 전략 효과는 탁월했다. 오늘날 홍보 대행사의 전문가가 기자들에게 뿌리는 보도자료에서나 볼 수 있는 예술의 경지에 도달한 교묘한 솜씨를 화가는 자신의 그림에서 구현했다고 할까. 이 회화는 사람들이 두려워하는 페스트라는 역병에도 아랑곳

하지 않고 환자의 살결을 쓰다듬으며 위로하는 나폴레옹의 모습을 담고 있다. 이는 화가가 황제 나폴레옹에게 불사의 이미지를 부여하기 위해 사용한 장치이자 콘셉트였다.

화가는 이 그림의 효과를 극대화하기 위해 종교 회화의 전통을 충실히 따랐다. 즉, 예수 그리스도가 병자를 기적으로 치유하는 장면을 그린 회화의 구도와 공식을 그대로 계승함으로써 불세출의 영웅이자 황제인 나폴레옹에게 기적을 일으키는 '구세주'의 이미지를 만들어주고자 한 것이다. 그는 주인공 나폴레옹뿐 아니라 배경 인물도 허투루 배치하지 않고 나폴레옹을 돋보이게 하는 장치로 치밀하게 활용했다. 예를 들면 나폴레옹 뒤에 서 있는 사관이 그런 효과적인 장치 중 하나인데, 그는 악취를 견디지 못하겠다는 듯 손수건으로 자기 코를 감싸 쥔 모습으로 그려졌다. 말하자면 그는 그림을 보는 사람에게 야전병원에서 풍겨 나오는 끔찍한 냄새와 참상을 적나라하게 전달하는 인물이다. 그리고 또 다른 사관은 나폴레옹이 환자를 만지지 못하도록 제지하는 듯한 자세로 그려져 페스트 전염력에 대한 대중의 공포를 환기시킨다. 이러한 구도와 묘사는 세속의 규범을 초월하는 나폴레옹의 위풍당당한 모습을 강조하기 위한 연출이다.

화가는 화면 속 나폴레옹을 자크 루이 다비드가 대관식 그림에서 그랬던 것처럼 옆얼굴로 보여준다. 그는 왜 이 구도를 선택했을까? 아마도 초인적 영웅 나폴레옹의 불사신 같은 면모를 부각

앙투안 장 그로, 〈자파의 페스트 환자를 위문하는 나폴레옹〉

1804, 캔버스에 유채, 715×523cm, 루브르 미술관, 파리

앙투안 장 그로, 〈자파의 페스트 환자를 위문하는 나폴레옹〉 부분

시키기 위해서였던 것으로 보인다. 다시 말해 화가는 그림을 통해 나폴레옹에게 영원한 생명이라는 이미지를 부여하기 위해 이 구도를 선택하지 않았나 싶다.

국민 행복을 위해 분투하는 나폴레옹의 이미지를 효과적으로
홍보하는 데 성공한 다비드의 그림 〈튀일리 궁 서재의 나폴레옹〉

자크 루이 다비드가 그린 〈튀일리 궁 서재의 나폴레옹(Napoleon in His Study at the Tuileries)〉(1812)은 국민 행복을 위해 분투하는 나폴레옹의 이미지를 대중에게 널리 홍보하기 위한 용도로 계획된 작품이다. 동트기 전 어슴푸레한 새벽녘 튀일리 궁 서재에서『나폴레옹 법전(Code Napoléon)』을 탈고한 뒤 살짝 지친 모습으로 비스듬하게 서 있는 나폴레옹은 위풍당당한 황제라기보다는 자연인에 가까운 모습으로 그려졌다.

『나폴레옹 법전』은 여러 번 개정이 이루어지며 현행 프랑스 법전으로 완성되었다. 법 앞의 평등, 개인의 자유, 종교의 자유, 개인 소유권의 불가침 등을 기본 원칙으로 삼아 만들어진 이 법전은 다른 나라의 민법 제정에도 큰 영향을 미쳤다.『나폴레옹 법전』은 혁명 정신을 살린 시민사회의 규범을 정한 법률로 근대 여러 국가 법 체계의 원형이 되었다. 또한 기원전 18세기 고대 메소

자크 루이 다비드, 〈튀일리 궁 서재의 나폴레옹〉
1812, 캔버스에 유채, 203.9×125.1cm, 워싱턴 내셔널갤러리

포타미아에서 만들어진 『함무라비 법전(Code of Hammurabi)』, 6세기 동로마제국 황제 유스티니아누스가 편찬한 로마법 대전인 『유스티니아누스 법전(Code of Justinian)』과 더불어 세계 3대 법전으로 인정받는다.

나폴레옹도 자신의 최대 업적으로 이 법전 제정을 꼽은 바 있다. 한데 애초 네 명으로 구성된 편찬위원회가 법전의 초안을 잡았으나 그림에는 오직 나폴레옹만 등장한다. 그림에는 법안을 막 탈고한 듯한 모습으로 서 있는 나폴레옹이 등장하는데, 그의 뒤로 보이는 배경 속 시계의 시곗바늘은 새벽 네 시를 지나고 있다. 가물가물 꺼질 듯한 촛불이 나폴레옹이 꽤 오랜 시간 동안 작업했음을 암시한다. 나폴레옹의 위대한 업적을 후세에 전하는 의미에서는 옆얼굴이 나왔을 수도 있겠으나 화가는 약간 비스듬한 자세를 선택했다. 어떤 의도에서 이런 구도를 택했을까? 시민의 행복을 위한 법전 기초 다지기에 전념하는 황제의 모습을 보여주고 친밀한 이미지를 연출하는 데 이런 구도가 적합하다고 판단했기 때문으로 보인다.

흔히 '나폴레옹 법전'이라고 부르는 프랑스 민법전은 봉건사회에서는 보장되지 않았던 사유재산 소유권을 명기한 대목에서 역사적 의의를 찾을 수 있다. 재산권은 봉건 귀족을 대신해 시민 계급이 된 부유한 부르주아 계층의 지지를 얻기 위한 필수적인 제도였다. 법전에는 나폴레옹의 대중적 지지 기반이던 부농 계급을 새로운 시대의 영주로 삼는 법안이 포함되어 있다. 사유재산 소유권을 비롯한 관련 법안은 경작지를 매개로 한 봉건제의 자의적인 착취에서 해방하는 형태를 표방해 제정되었다. 그러나 그 이상으로 징병제의 기반인 애국심 고취에 필수적인 법 정비 과정이 있었다는 의미가 있다.

징병제는 군주의 영토와 재산을 지키기 위해 돈을 주고 고용하는 용병과 달리 국민이 직접 군인이 되어 목숨을 걸고 국가를 지키기 위한 취지로 제정한 제도다. 이런 취지의 징병제가 성립하기 위해서는 국민이 국가를 '조국', 즉 우리나라로 인식하는 마음가짐이 필수이며 사적 재산 소유권은 그 절대적인 전제 사항이었기 때문이다. '조국'이라는 새로운 국가 개념은 절대적 불가침 영역인 사유재산을 양식으로 삼아 사생활의 연장선에서만 성립할 수 있기 때문이다.

국방의 의무를 다하는 국민이라는 개념이 기초가 되는 징병제는 지금까지 용병에게 지급되던 거액의 군비를 줄이기 위한 재무적 구제책에서 나왔다. 이 징병제가 제대로 기능하려면 국민이 군인으로 목숨을 걸 정도의 애국심을 고취하는 과정이 필수적이었다. 사실 이러한 이미지 창출에서 미술만큼 효과적인 프레젠테이션 장치도 없었다. 나폴레옹이 프랑스 미술의 우위성을 유지한다는 명목으로 예술계에 전폭적인 지원을 아끼지 않던 것도 그 때문이다.

나폴레옹의 야만적인 유물 약탈에 의해
세계적인 미술관으로 자리 잡은 루브르 미술관

나폴레옹은 군인에게만 적용되던 구체제의 기사 서훈 제도를 국민 전체를 위해 개방된 제도로 개혁했다. 참고로, 오늘날 프랑스 최고 훈장으로 알려진 '레지옹 도뇌르 훈장(Ordre national de la Légion d'honneur)'을 창설한 이가 바로 그다. 그밖에도 그는 미술공예 분야의 공로자에게 적극적으로 훈장을 수여하며 학술 진흥에 힘썼다. 또한 그는 프랑스 미술을 유럽 각국의 모범으로 만들기 위해 국가적 사업으로 콩쿠르 등을 개최하고 예술가들을 경합시켜 프랑스 예술 수준을 상향 평준화하기 위해 노력했다. 나폴레옹이 자신의 재위 기간에 펼친 예술 진흥책의 중심축이 1803년 창립된 나폴레옹 미술관, 즉 루브르 미술관이다.

중세에 요새로 건설된 역대 프랑스 왕의 왕궁이던 루브르 궁전은 아카데미 교육 시설로 사용되었다. 그것을 미술관으로 개조해 시민에게 개방한다는 애초의 구상은 구체제 시절부터 계몽사상가들에 의해 현안 정책으로 제안되었으나 오랫동안 실현되지 못하고 있었다. 이를 혁명 정부가 시민 미술관으로 개관하며 마침내 실현된 것은 1793년의 일이다. 개관 후 초기에는 중앙미술관답게 대형 미술 공예품과 고고학 출토로 얻은 소장품 위주로 운영되었다. 그러다가 나폴레옹 시대에 들어서서 루브르 미술관은 전대미문의 광범위한 소장품을 자랑하는 세계적인 미술관으로 거듭났다.

나폴레옹이 군대를 파견한 이탈리아, 이집트, 오스트리아, 독일, 폴란드, 스페인의 미술품과 출토품이 속속 루브르 미술관으로 들어와 수장고를 채웠다. 나폴레옹은 옛날 유럽 미술의 수도였던 로마의 르네상스 시대부터 이어져 내려온 온갖 유물을 모조리 약탈해 프랑스로 가져왔다.

"지금의 로마는 예전의 로마가 아니다. 모든 것은 파리에 있다."

나폴레옹이 로마를 이 잡듯 뒤져 예술품을 탈탈 털어가는 바람에 텅 비어버린 로마를 보고 이런 탄식이 유행가처럼 떠돌았다.

르네상스의 보고로 알려진 이탈리아 피렌체의 우피치 미술관은 16세기 말 개관한 이후 유럽에서 미술관의 대명사처럼 사용되었다. 우피치 미술관은 애초 피렌체 시청사 일부를 공개한 소규모의 아담한 미술관으로 피렌체의 맹주였던 메디치 가문의 위세를 자랑하기 위한 소장품을 귀족 대상으로 공개한 제한적 공간이었다. 그런 터라 우피치 미술관은 루브르 미술관보다는 베르사유 궁전의 콘셉트에 좀 더 가까웠다.

'우피치'는 영어의 '오피스(office)'에 해당하는 이탈리아어로, 시청사 집무실 일부를 미술관으로 개조해 공개함으로써 자연스럽게 붙여진 이름이다. 우피치 미술관 소장 목록에는 르네상스 미

오귀스트 쿠더, 〈루브르 미술관을 방문한 나폴레옹〉

19세기, 캔버스에 유채, 루브르 미술관, 파리

술과 르네상스 시대가 모범적 전형으로 삼았던 고대 그리스와 로마시대 미술품이 올라 있다. 우피치 미술관은 이자 놀음으로 재산을 일군 메디치 은행의 속죄 프로젝트로 탄생한 미술 진흥책의 산물이었다.

루브르 미술관은 태생부터 우피치 미술관과는 확연히 달랐다. 국방 의무를 다하는 징병제의 기반인 국민의 애국심을 고취하기 위해 필수적인 근대 국가 특유의 시설로 중세 요새를 근대 국가의 문화적 요새로 탈바꿈시키는 과정에서 탄생한 시설이 루브르 미술관이었다.

미술을 총동원한 나폴레옹의 효과적인 이미지 전략을
무용지물로 만든 '포도주세 부활 정책'

국민을 대상으로 한 징병제는 왕정이 물려준 적자 재정에 시달리던 나폴레옹 정권의 재무 구제책으로 시행되었다. 그리고 이 국민군의 약진으로 나폴레옹 군대는 연승을 거듭했다.

나폴레옹 전쟁 승리로 나폴레옹 정권은 점령국에 세금을 부과해 세수를 크게 늘렸다. 거기에 더해 배상금, 약탈 등으로 막대한 재화를 확보해 아랫돌 빼서 윗돌 괴는 식으로 일시적이나마 재정 문제를 해결했다. 그러나 왕정 시대부터 내려온 고질적 병폐인

재정 적자는 그렇게 간단히 개선될 수 있는 문제가 아니었다.

원래 프랑스 혁명은 만성적인 채무 초과 상태였던 왕정이 전시 세금이라는 명목으로 직접세를 가혹하게 징수함으로써 이미 과중한 소비세로 생활고를 겪으며 삶이 피폐해질 대로 피폐해진 민중의 분노를 자극해 발발한 역사적 사건이었다. 혁명이 발발하기 직전까지만 해도 왕정에서는 일시적인 자금 조달을 위해 국채를 밥 먹듯 발행하는 악습이 존재했다. 이러한 불량 채권으로 생긴 빚을 갚기 위해 인두세 등의 직접세와 함께 소비세를 과도하게 징수해 민중을 경제적으로 압박하는 실책을 연거푸 범했다.

왕정 시대 세금 제도의 만성적 결함, 다시 말해 국민에게 세금을 징수해 결과적으로는 부자에게 유리하게 작용하고 가난한 사람에게 불리하게 작용하는 세금 제도를 개정하거나 철폐하고 부자에게 더 많은 세금을 징수하도록 개혁함으로써 혁명 정부도 나폴레옹 정권도 민중의 지지를 확보하고자 노력했다. 그러나 전략 면에서는 천재였던 나폴레옹도 재정 방면으로는 평범한 수준이었는지 혁명으로 폐지했던 소비세 중 하나인 포도주세를 부활시키는 실책으로 민중의 거센 반발을 샀다.

나폴레옹은 왜 민중의 반발을 무릅쓰고 포도주세를 부활시켰을까? 영국과의 전쟁에 돌입할 비용을 마련하기 위해서였다. 그러나 그것은 프랑스인의 식탁에서 절대로 빠지지 않는 포도주라는 생필품에 부과한 세금으로, 황제로 즉위하자 세상에 두려울 것이 없어진 나폴레옹의 오판에서 비롯된 명백한 실책이었다. 포도주는 상품마다 가격 격차가 매우 큰 상품이다. 그런 상품을 모조리 같은 비율로 세금을 매기는 품목으로 정했으니 단순한 볼멘소리를 넘어 못 살겠다는 악다구니가 터져 나오는 게 어쩌면 당연했다. 게다가 유통 과정에서 세금 부담이 더해지며 최종 상품 가격이 무섭게 상승했다. 값이 비싸지면 소비자들은 장바구니에 담기 전에 한 번 더 생각해보게 된다. 세금을 부과해 포도주 가격이 상승하자 포도주 소비량이 급감해 포도 농가의 원성을 샀다. 포도주를 물처럼 마시던 프랑스 민중은 포도주를 마실 때마다 나폴레옹 정부의 세금 정책을 규탄했다. 밥상머리 물가에 직접적인 영향을 미치는 새로운 세금에 잔뜩 골이 난 민중은 한때 자신들이 열광적으로 지지했던 황제 나폴레옹에게 등을 돌려버렸다.

여기에 더해 엎친 데 덮친 격으로 구 왕정에서 원성이 자자했던 소금세와 담뱃세 등 소비세가 차례로 부활했다. 또한 러시아 원정의 결정적인 패배를 벌충하기 위한 지세, 영업세 등의 직접세까지 강화하며 민중은 세금으로 허리가 휠 지경이었다. 나폴레옹의 영웅적 이미지에만 의존해 권력을 유지하던 정권은 한 세대도 가지 못하고 국민의 신망을 잃으며 '반짝 스타 정권'으로 전락했다. 이미지로 통치하던 나폴레옹 정권을 뒷받침한 유일한 '무기'가 바로 미술이었으나 미술도 나폴레옹의 몰락을 막지는 못했다.

라이프치히 전투에서 연합군에 패한 나폴레옹은 황제 자리에서 밀려났다. 그리고 한때 엘바섬으로 유배되었다가 부활해 백일천하로 기사회생하는 듯했으나 워털루 전투에 대패하며 세인트헬레나섬으로 유배되는 비참한 신세가 되고 말았다. 유배지로 떠난 나폴레옹에게 자신의 과거를 되짚어볼 시간은 차고도 넘쳤다. 그는 포도주세 부활이 크나큰 실책임을 깨달았다. 자신의 지지 기반이던 농민의 마음이 싸늘하게 식으며 민심이 돌아섰음을 알게 되었다. 그는 밀려드는 후회로 가슴을 치고 또 쳤으나 이미 때는 늦었다. 현란한 이미지 전략으로 민중의 눈을 멀게 만들었던 나폴레옹 정권, 프랑스가 고대 로마제국의 뒤를 이어 유럽 제국이 될 수 있다고 꿈꾸며 황제 나폴레옹을 따르던 프랑스 국민을 그 달콤한 꿈에서 깨어나게 한 것은 납세라는 냉혹한 현실이었다.

그러나 그 꿈의 잔재인 근대 황제의 미술을 총동원한 이미지 전략은 현대에도 권력을 꿈꾸는 모든 사람이 걷는 길을 역시 제국의 수도 로마로 통하게 만들고 있다.

7

폴 뒤랑뤼엘은 어떻게 '잡동사니' 취급받던 인상주의 회화에 가치를 불어넣었나

폴 뒤랑뤼엘이 인상주의 회화의 가치를 높이기 위해 사용한
두 가지 비밀 무기, '카브리올 레그'와 '금테 액자'

고풍스러운 유럽풍 앤티크 가구에 관심이 있는 독자라면 한 번
쯤 귀동냥이라도 했을 용어가 있다. 바로 '카브리올 레그(cabriole
leg)'다. 이는 일반인에게는 조금 낯설 수도 있는 양식의 가구로,
다리가 우아한 S자 곡선을 그리는 화려한 가구다. 카브리올 레그
는 프랑스 루이 15세(Louis XV, 재위 1715~1774) 시대 궁정 양식을 대
표하는 디자인이다.

대다수 사람은 '카브리올 레그'라는 용어는 생소해도 그 모습
을 보면 '아, 이런 가구' 하며 무릎을 치지 않을까. 이는 카페나 백
화점 등 어디에선가 한 번쯤 본 적이 있는, 꽤 눈에 익은 디자인
이다.

사실 인상주의 그림은 등장 초기에만 해도 전위예술의 일종으
로 '잡동사니' 혹은 '불량품' 취급을 받았다. 여기서 한 가지 의문

이 생긴다. '한때 천덕꾸러기 신세였던 인상주의 그림은 어떻게 그야말로 부르는 게 값인 고가상품으로 변신했을까?' 그것은 바로 폴 뒤랑뤼엘(Paul Durand-Ruel, 1831~1922)이라는 천재 미술상이 사용한 두 가지 비밀 무기 덕분이었다. 그 두 가지 비밀 무기는 바로 '카브리올 레그'와 '금테 액자'다. 좀 더 구체적으로, 카브리올 레그와 금테 액자를 동원한 뒤랑뤼엘의 판매 전략이 멋지게 효과를 발휘하며 인상주의 그림은 거저 주어도 가져가지 않던 잡동사니에서 명품으로 거듭났다.

그 덕분에 지금까지 화려한 가구와 인상주의 그림은 인테리어를 완성하는 세트 상품처럼 활용돼왔다. 지금도 유명 호텔 로비나 유럽풍 고급스러운 분위기를 연출하는 카페나 레스토랑에 가면 금테 액자를 두른 인상주의 복제화와 화려한 가구가 어우러진 인테리어를 볼 수 있다. 흥미롭게도 오늘날에는 고급스러운 인테리어의 정석이 된 이 조합은 인상주의 예술가들이 활동하던 당시에는 악취미에 근본 없는 인테리어로 여겨졌다. 화려한 궁정 가구와 금테 액자는 프랑스 왕실 미술을 상징하는 도구였으며, 인상주의 회화는 그 왕실을 타도한 프랑스 혁명 이후의 시민사회에서조차 푸대접받은 잡동사니 전위예술로 여겨졌다. 그랬기에 이 둘은 너무도 어울리지 않는 한 쌍이었다.

이 거슬리는 조합을 역이용한 마케팅 천재가 있었다. 그게 누굴까? 19세기 파리를 주름잡은 미술상 폴 뒤랑뤼엘이다. 그는 마네, 드가, 모네, 르누아르 등의 인상주의 화가를 길러낸 탁월한 안목을 가진 사람이었다. 오늘날 미술 비즈니스 전략의 선구자였던 그의 탁월한 마케팅 전략 덕분에 팔리지 않는 재고 그림이던 인상주의 작품이 초고가 상품으로 드라마틱하게 변신했다. 또한 그 덕분에 경매에서 천문학적 액수로 날개 돋친 듯 팔려나가 거품 시장을 형성할 정도로 몸값이 높아지기도 했다.

폴 뒤랑뤼엘이 본격적으로 판매에 착수하던 시점에 인상주의 작품은 사람들의 이해를 넘어선 전위예술로 푸대접받았다. 당시 프랑스 유력 일간지 《피가로(Le Figaro)》는 인상주의 그림을 고양이가 앞발로 괴발개발 그린 낙서라고 빈정댈 정도였다. 혹자는 고양이가 피아노 건반 위를 걸을 때 나는 귀에 거슬리는 소리 같다고 혹평하기도 했다. 인상주의 그림의 시장 가치는 형편없었고 공짜로 주면 불쏘시개로나 쓸까 돈을 내고 가져갈 사람이 거의 없을 정도로 인기 없는 회화였다.

오늘날에는 인상주의 그림의 경쾌한 붓놀림과 밝은 색채가 널리 사랑받지만 당시 사람들은 사진처럼 사실적인 그림을 훨씬 선호했다. 무릇 그림이라고 하면 사물과 사실을 정확히 묘사해야 했고 붓 자국이 보이지 않을 정도로 공들인 완성도를 인정받아야만 비로소 작품 대접을 받을 수 있었다. 붓 자국이 선명하게 보이는 인상주의 그림은 회화의 기본도 모르는 어설픈 초보 예술가들이 끄적인 낙서나 다름없다는 평가를 받고 미술상의 창고에 처박

혀 먼지를 뒤집어쓴 악성 재고 신세를 면치 못했다. 그런 연유로 그림이 도무지 팔리지 않아 먹고 살길이 막막해진 모네는 자살을 진지하게 생각할 정도였고, 고흐는 평생 불우하게 살다가 권총으로 생을 마감했다.

폴 뒤랑뤼엘이라는 천재 미술상의 영리한 전략이 성공한 후에야 비로소 누구도 알아주지 않던 인상주의 그림이 거품 시장의 주인공으로 발탁될 수 있었다. 마치 무대 마술사가 지팡이를 휘둘러 모자 속에서 살아 있는 토끼를 꺼내듯 천재 미술상은 카브리올 레그 가구와 금테 액자를 활용해 인상주의 화가들을 황금알을 낳는 거위로 변신시켰다.

폴 뒤랑뤼엘은 구체적으로 어떤 전략을 구사했을까? 한마디로 그것은 한껏 고급스러운 분위기를 연출한 매장에 화려한 소도구를 적절히 배치해 상품을 돋보이게 만들어 고객의 넋을 빼놓은 다음 빙긋 웃으며 청구서를 들이미는 고도의 마케팅 기법이다. 재미있게도 고객은 분위기에 취해 가격표에 높은 금액이 붙어 있을수록 지갑을 활짝 연다. 고객의 욕망과 허영심을 자극하는 이런 심리 전략은 오늘날 마케팅 분야의 기본이 된 기법이다. 화랑은 물론이고 보석이나 귀금속매장과 명품매장, 고급 호텔과 유명 레스토랑, 회원제 클럽, 미용실 등 고가의 상품과 서비스를 제공하는 상업 시설에서 꾸준히 위력을 발휘하고 있다. 일테면 이런 식이다. 고객이 매장에 들어설 때부터 고객을 유명인처럼 정중하

'인상주의의 아버지'라 일컬어진 파리의 화상, 폴 뒤랑뤼엘.
금테 액자와 화려한 가구를 활용한 판매 전략으로 미국에 인상주의 그림 붐을
일으켰다. 1910년 무렵 자신의 화랑에서 포즈를 취한 폴 뒤랑뤼엘. 오늘날 그는
그림 비즈니스 모델을 확립한 인물로 평가받고 있다.

게 모신다. 유명인사 기분을 맛본 고객은 자기도 모르게 우쭐해지며 이성이 마비된다. 그리고 황홀해진 고객의 눈앞에 명품으로 포장한 상품을 내미는 것이다. '클래식', 즉 명품 전략에 약한 고객이 의외로 많다.

설령 상품이 과거 인상주의 그림처럼 고객의 이해 수준을 넘어서더라도 이런 식의 연출은 상품을 유서 깊은 명품으로 보이게 하는 마법 같은 효과를 발휘한다. 또한 고객을 왕처럼 모시는 전략은 고객이 그 전략에 어울리는 신분이라고 믿게 만드는 효과를 발휘한다. 돈을 아끼는 쩨쩨한 모습을 보이고 싶어 하지 않는 고객은 체면이 구겨지지 않도록 하기 위해서라도 가격을 따지지 않고 상품을 구매하게 된다.

말하자면 '우리 매장은 아무한테나 물건을 파는 곳이 아니랍니다. 특별한 분에게 특별한 상품을 파는 곳이죠'라는 콘셉트의 연출로 고객을 끌어들이고 경계심을 풀게 한다. 그런 다음 고객을 왕처럼 모시는 수준 높은 서비스로 마음을 열고 고객의 지갑을 여는 마케팅 전략이다. 이 마케팅 전략은 최고의 '분위기 연출'과 질 높은 '서비스'라는 두 가지 기법이 만나 잘 어우러지면서 놀라운 시너지 효과를 낸다. 상품을 본 고객이 처음에는 고개를 갸웃거리다가도 얼떨결에 '그걸로 주세요'라고 말하게 하는 마술 같은 마케팅 기법이다.

19세기 파리의 미술상 폴 뒤랑뤼엘은 사람들의 심리를 조종하는 마케팅 전략의 선구자였다. 그는 마케팅 효과를 높이기 위한 도구로 화려한 카브리올 레그 가구와 금테 액자를 선택했다. 이유는 간단하다. 그 소도구들이 모두 프랑스 왕실이 가장 잘나가던 시기를 대변하는 디자인이었기 때문이다.

폴 뒤랑뤼엘은 왜 루이 15세 시대 궁정 양식을
인상주의 회화의 가치를 높이기 위한 도구로 채택했을까?

프랑스에서 카브리올 레그 가구와 테두리에 금박을 입힌 액자가 전성기를 맞이했다. 루이 15세 시대의 일이다. '루이 15세 시대'라고 하면 감이 잘 잡히지 않을 수도 있겠으나 오래전 애니메이션 프로그램으로 텔레비전에서 방영되어 소녀들의 가슴을 설레게 했던 〈베르사유의 장미〉(1973)의 주인공 오스칼이 이 시대에 태어난 인물로 설정되었다.

누적 2,000만 부 넘게 판매된 인기 만화였던 이 작품은 18세기 중반 루이 15세 시대부터 프랑스 혁명기까지를 다룬다. 작가는 이 작품에서 마리 앙투아네트 왕비가 처형되기까지 격동의 역사를 배경으로 아름다운 남장 여자 오스칼의 파란만장한 생애를 그려냈다. 카브리올 레그와 금테 액자는 혁명의 소용돌이에 휩쓸려 사라진 프랑스 왕조의 미학이 최고조에 달했던 시절을 대표하는 궁정 양식이다. 꺼지기 직전의 촛불이 마지막에 가장 화려하게 타오르듯 이 시대 궁정 양식은 모든 것을 불사르기라도 할 것처럼 장렬하게 타올라 프랑스 궁정 예술의 대미를 장식하며 왕조의 종말을 고했다. 루이 14세가 베르사유 궁전에서 확립한 프랑스 왕실 미술이 유럽 여러 나라로 퍼져 나가며 유행을 선도하고 프랑스 미술의 우월한 지위를 확립한 시기도 바로 루이 15세 시대였다.

루이 15세의 애첩 퐁파두르 부인(Madame de Pompadour)이 이 시대 예술의 프로듀서였다. 타고난 미모와 기지로 루이 15세를 사로잡은 퐁파두르 부인은 왕실이 주도하는 예술 행정의 모든 실권을 장악하고 프랑스만의 독자적인 미학을 확립했다. 그리고 그 연장선에서 카브리올 레그 가구가 루이 15세 시대 베르사유 미학의 상징처럼 대두되었다.

프랑스어 '카브리올'은 '비약'을 의미하며 '카브리올 레그'는 '독특한 각도로 굽은 가구의 다리'를 말한다. 참고로, 발레에서는 공중에서 양다리를 차서 모으는 스텝을 '카브리올'이라고 한다. 이 단어는 '사슴의 도약'을 의미하는 이탈리아어 '카프리올라(capriola)'에서 유래했다. 흔히 카브리올 레그 가구의 다리를 '고양이 다리'에 비유하기도 하는데, 따지고 보면 고양이 다리가 아니라 '사슴 다리'인 셈이다. 이름대로 마치 중력을 거스르듯 가볍게 공중으로 뛰어오르는 듯한 곡선미를 자랑하는 다리를 본뜬 디자

프랑수아 부셰, 〈퐁파두르 부인〉

1756, 캔버스에 유채, 201x157cm, 뮌헨 알테 피나코테크.

그림 오른쪽 아래에 퐁파두르 부인이 애용하던 카브리올 레그 탁자가 그려져 있다.

인이다.

아무튼 그 시대 궁정 양식을 풍미한 이 디자인의 기원을 놀랍게도 중국에서 찾을 수 있다. 당시 프랑스 왕실과 귀족 사이에서 중국 미술품이 큰 인기를 누리고 있었는데, 그중 여의주를 움켜쥔 용의 발톱을 묘사한 공예품이 있었다. 프랑스 장인들이 그것을 모방해 카브리올 레그 디자인을 만들었다고 한다.

루이 14세 시대 궁정은 남성적이면서도 화려하고 중후한 분위기를 풍겼다. 그러나 루이 15세 시대에는 여성적이고 화사한 분위기가 궁정을 지배했다. 왕의 애첩 퐁파두르 부인이 예술 행정의 실권을 잡으면서 루이 15세 시대에는 여성적 미의식의 결정체로 평가받는 우아한 왕실 문화가 꽃피었다. 카브리올 레그 가구와 금테 액자는 루이 15세 왕조 시대 미학의 정수로, 단두대의 이슬로 사라진 루이 16세의 왕비 마리 앙투아네트 시대에 막을 내린 프랑스 왕실 미술의 숨이 끊어지기 직전에 부른 마지막 '백조의 노래'였던 셈이다.

폴 뒤랑뤼엘은 프랑스에서 가장 화려한 궁정 미술이 꽃피운 시대의 아련한 향수를 자극했다. 그의 탁월한 마케팅 감각과 전략이 빛을 발하며 그때까지 대중에게 공감을 불러일으키지 못해 팔리지 않고 골방에서 먼지를 뒤집어쓴 채 잠자던 인상주의 회화가 미술 거품 시장의 주인공으로 거듭나 초고가 예술품으로 변신했다.

폴 뒤랑뤼엘이 '작은 미술관'처럼 꾸민 자기 집을
대중에 공개한 숨은 이유

오늘날 우리는 폴 뒤랑뤼엘이 대대적인 성공을 거둔 마케팅의 실체를 파리 지하철 로마역 부근에 있는 그의 저택에서 확인할 수 있다. 응접실과 식당 외에도 작은 살롱, 서재 등을 갖춘 저택은 모든 방의 벽을 그의 화랑에서 취급하던 화가의 작품으로 도배하다시피 했다. 그의 저택에 전시한 작품 수만 무려 400점이 넘을 정도인데, 이는 '작은 미술관'이라고 해도 이상하게 들리지 않을 만큼 대단한 양이다.

폴 뒤랑뤼엘 저택은 파리의 미술관이 휴관하는 매주 화요일 오후 대중에게 공개되며, 견학자는 마치 자기 집 안방처럼 편안하게 둘러보며 작품을 감상할 수 있다. 여기서 궁금한 점 한 가지. 뒤랑뤼엘은 왜 자신의 집을 대중에게 공개했을까? 얼핏 수익을 사회에 환원하는 사회적 기업의 활동처럼 보이는 자택 공개는 사실 고도로 계산된 '접객 전략'에서 나온 것이었다. 즉 잠재적 고객인 시민에게 자신의 집안을 구경시켜 줌으로써 과거의 왕과 귀족, 고위직 성직자에게나 허락되던 회화를 내 집 안방에 장식할 수 있다는 인식의 전환을 꾀하고 쾌감을 선사하고자 한 의도가 내포되어 있다.

폴 뒤랑뤼엘의 응접실 사진을 보면 샹들리에가 늘어진 높다란

천장과 길쭉한 문을 볼 수 있다. 또 가구와 액자까지 전형적인 루이 왕조 궁정 양식으로 통일돼 있어 전체적으로 화려하고 우아한 분위기를 자아낸다.

현대인의 눈에는 딱히 유난스러울 것이 없어 보이는 실내지만 당시에는 부조화의 극치, 인테리어에 관한 한 문외한이 자행한 테러에 가까운 행위로 받아들여졌다. 사진 속 실내는 격동의 시대인 1890년대의 모습이다.

폴 뒤랑뤼엘은 혁명으로 타도된 루이 왕조의 궁정을 연상시키는 공간에 혁명 후 등장한 그림 중에서도 가장 전위적인 장르인 인상주의 그림을 걸었다. 그리고 한발 더 나아가 루이 왕조 양식의 금테 액자에 인상주의 그림을 넣었다.

자신의 인테리어 감각이 대중의 눈에 어떻게 비칠지 뒤랑뤼엘은 명확히 알고 있었다. 그는 의도적으로 인상주의 그림을 금테 액자에 넣어 카브리올 레그 가구 위에 걸었다. 당시 미술계에서 이단 취급받는 전위예술에 지나지 않던 인상주의 회화가 대중에게 던져준 충격은 상상을 초월하는 수준이었다.

당시 회화의 기본은 정확한 데생과 '피니(fini)'라는, 붓자국을 지우는 마무리 작업이다. 기본을 지켜 그린 그림에 익숙한 당시 사람들의 눈에 인상주의 작품은 미완성 밑그림으로밖에 받아들여지지 않았다. 신문 만평에는 인상주의 전시회장 입구에서 경찰관이 임신한 여성을 들어가지 못하게 막는 장면이나 전쟁터에서 무기 대신 인상주의 그림을 적에게 들이미는 군인의 모습이 그려졌다. 인상주의 그림이 임신한 여성의 몸에 좋지 않은 영향을 미치고, 재상 콜베르의 말과 반대되는 의미로 '무기'가 될 만큼 상식에서 벗어났음을 조롱하는 풍자 만평이다.

이렇듯 조소의 대상이던 인상주의 작품을 대중에게 판매하려면 어떻게 해야 할까? 무엇보다 먼저 상식에서 벗어난 기발한 화풍을 참신한 개성으로 포장하는 과정이 필요했다. 고객의 거부감을 줄이거나 바꾸는 이미지 변신 과정이 뒷받침되지 않는다면 고객은 지갑을 열기는커녕 그림을 보려고조차 하지 않을 것이기 때문이었다. 고객의 불안감과 당혹감을 완화하기 위해 폴 뒤랑뤼엘이 마련한 진정제가 바로 구시대 루이 왕조의 궁정 취향을 대표하는 금테 액자와 카브리올 레그 가구였다.

인상주의 화가들은 왜 폴 뒤랑뤼엘의 마케팅 전략을
노골적으로 비난하며 반대했을까?

팔순을 얼마 남겨 두지 않은 폴 뒤랑뤼엘을 화랑에서 찍은 사진(231쪽)을 보면 주위에 놓인 모네, 르누아르, 피사로, 코로의 작품으로 추정되는 회화가 제각각 금테 액자에 넣어 걸린 모습을 볼 수 있다.

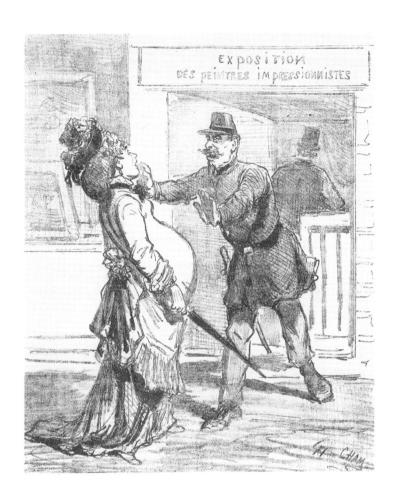

1877년 제3회 인상주의 전시회 당시 신문 만평.
인상주의 전시회장 입구에서 경찰관이 임신한 여성의 입장을 제지하고 있다.

당시 인상주의 화가들은 화려한 금테 액자에 자신들의 그림을 넣는 상황을 달갑지 않게 여겼다. 그들 중 일부는 뒤랑뤼엘의 행태를 노골적으로 비난하며 반대했다. 그들은 왜 뒤랑뤼엘의 마케팅 전략을 반대했을까? 인상주의 특유의 경쾌한 화풍에 둔중한 금테 프레임이 어울리지 않는다고 생각했기 때문이다. 확실히 작품 소재 관점에서 보면 파리 교회 풍속과 센 강변의 리조트 풍경 등 당대 생활상을 그린 화면에 구시대적 루이 왕조 양식의 액자는 생뚱맞은 느낌이 든다. 그러므로 간결하고 직선적인 디자인의 액자를 사용해야 한다고 주장한 화가들의 심정은 이해가 가고도 남는다. 그러나 화풍에 관해서는 전혀 간섭하지 않고 최대한 재량권을 주던 뒤랑뤼엘이 액자를 두고는 한발도 물러서지 않았다. 그는 액자와 그림이 어울리지 않는다는 비판을 무시하고 고집스럽게 금테 액자에 그림을 넣어 걸었다. 황금색은 카브리올 레그 가구와 함께 루이 왕조를 상징하는 미적 요소였기에 뒤랑뤼엘로서는 절대로 양보할 수 없는 문제였다.

세브르 도자기(Sèvres Porcelain)는 지금도 프랑스를 대표하는 자기로, 화려한 금박 테두리로 유명하다. 왕명에 의해, 그리고 퐁파두르 부인의 지시에 따라 파리 근교 세브르에 개설된 제작소는 유럽 최초의 자기 생산 거점이 된 독일 마이센(Meissen)에 대항해 창립되었다. 세브르에 왕실 도자기 제작 공방을 설립한 이후 왕의 칙령에 따라 다른 지역 가마에서는 금을 사용한 그림을 그릴 수 없게 되었다. 이후 세브르 자기의 금박은 왕실 색채로 독점적으로 사용되면서 금테 두른 접시를 보면 대중은 자동으로 왕실을 떠올렸다. 금도금 기술은 바로 이 시기 프랑스에서 완성도가 정점에 달했다.

베르사유 궁전의 〈진자시계의 방(Salon de la pendule)〉은 루이 15세에게 초대받은 손님만 입실이 허용된 특별한 공간으로, 관광객 사이에 〈거울의 방〉과 더불어 꼭 방문해야 하는 베르사유 궁전의 명소로 알려져 있다. 이 방에 놓인 진자시계를 화려한 금도금으로 장식한 이들은 조각가 장 자크 카피에리(Jean-Jacques Caffieri)와 그의 형 필리프 카피에리(Philippe Caffieri)였다. 이 시대에 카피에리 형제를 비롯한 솜씨 좋은 명장의 손에서 정교한 금도금 공예품이 수없이 탄생했다. 그리고 당연하게도 카피에리가 디자인한 금시계의 다리는 우아한 카브리올 레그 곡선을 그리고 있다.

루이 15세 양식의 카브리올 레그와 번쩍이는 금칠은 액자 틀에도 영향을 미쳤다. 우아한 곡선을 그리는 장식 조각에 금도금을 입혀 번쩍이는 광채를 부여한 화려하고 찬란한 액자 틀이 등장했다. 이 화려한 액자 틀은 궁정 풍속과 연애 유희를 그린 전형적인 회화가 돋보이게 연출하는 마법을 부렸다. 궁정 미술은 글자 그대로 루이 15세 시대 프랑스에서 황금기를 맞이했으며, 유럽의 액자 디자인 또한 이 시기 프랑스에서 정점에 도달했다.

번쩍번쩍하는 금박을 입힌 액자 틀이 프랑스 혁명이라는 역사적 사건을 거쳐 철과 유리가 기본을 이루는 근대 도시로 변모한 파리의 최신 풍속을 묘사하는 인상주의 그림과 어울릴 리가 없지 않을까? 그런 터라 인상주의 화가들은 폴 뒤랑뤼엘이 개인적 취향으로 고집스럽게 밀어붙인 금테 액자를 시대착오적인 발상이라고 비난하며 불쾌감을 감추지 못했다.

고객의 불안감을 잠재우는 최고의 진정제, '금테 액자'

화가들의 볼멘소리에도 폴 뒤랑뤼엘은 인상주의 그림을 팔 때마다 금테 액자를 고집했고 화가의 항의에는 귀를 닫았다. 왜 그랬을까? 그는 철저하게 그림을 구매하는 고객의 관점에서 바라보았기 때문이다. 고객이 보기에 인상주의 그림은 출처를 알 수 없는 희한한 상품이었다. 그러므로 가격에 합당한 가치가 있는지조차 알 수 없는 상황에 덜컥 사들였다가 가격 폭락 사태라도 벌어지면 난감해진다.

폴 뒤랑뤼엘은 이러한 고객의 불안감을 날카롭게 간파했다. 그는 고객의 불안감을 잠재우고 작품이 가격에 합당한 고급품이며 값을 지불한 후에도 가격이 내려갈 걱정이 없음을 홍보하지 않으면 앞으로도 계속 인상주의 그림을 팔기 어려울 것으로 판단했다. 그런 맥락에서 금테 액자는 고객의 불안감을 잠재우는 최고

© Capi-Chef / Alamy Stock Photo

베르사유 궁전 〈진자시계의 방〉. 1753년 조각가인 카피에리 형제가 화려하게 장식한
진자시계가 놓여 있다.

의 진정제였다. 왜냐하면 왕조 양식 액자에 넣은 작품에는 은연중 왕실 화가의 명품과도 같은 품격이 부여되기 때문이다. 왕과 귀족이 소장해온 명품의 품격이 느껴지는 황금 후광을 둘러주는 장치가 바로 금테 액자였다.

폴 뒤랑뤼엘은 인상주의 그림의 시장 가치가 확립한 후에야 비로소 고집을 꺾고 화가들의 요구를 받아들여 단순한 디자인 액자에 그림을 넣어 전시했다. 이 시기에는 어떤 액자에 넣어도 인상주의 회화는 꼭 사겠다는 고객이 넘쳐날 정도가 되어 내놓기 바쁘게 팔려나가는 인기 상품이 돼 있었기 때문에 금테 액자를 고집할 필요가 없었다. 그러나 만약 여전히 그림이 제대로 팔리지 않았다면 뒤랑뤼엘은 금테 액자에 인상주의 작품을 넣어 파는 방식을 계속 고집했을 것이다.

이러한 마케팅 전략과 연출에 진짜 귀족 취미를 향유하는 부유하고 고상한 사람들은 눈살을 찌푸리며 곱지 않은 시선을 보냈다. 폴 뒤랑뤼엘의 전략은 그러한 상류계층 고객을 과감히 배제하는 상술을 전면에 내걸었다는 점에서 그 과단성과 혁신성에 높은 점수를 줄 수 있다. 왜냐하면 뒤랑뤼엘은 보수적인 상류계층 고객을 아무리 잘 어르고 달래서 그림을 떠넘기려 애써봤자 인상주의 그림 따위를 살 리가 없다고 판단했기 때문이다. 영리한 미술상은 그들에게 고약한 취미로밖에 보이지 않는 조합이라도 프랑스 혁명 후 귀족 계급을 대신해 새롭게 등장한 부유한 시민들을 노린다면 충분히 승산이 있다고 보았다. 이 신흥 계급을 위한 새로운 귀족 취미를 창출했다는 점에서 폴 뒤랑뤼엘의 독창성과 혁신성을 찾을 수 있다.

**귀족 취미와 거리가 먼 사람들에게 '귀족 기분'을
느끼게 함으로써 판촉 효과를 극대화하는 마법 같은 마케팅 전략**

폴 뒤랑뤼엘의 전략은 탁월했다. 그는 진짜 귀족의 취향을 모르면서 막연하게 '귀족적인 분위기'를 동경하는 신흥 계층인 부유한 시민에게 '귀족 취향'을 손쉽게 맛볼 수 있게 하는 공간을 제공하고자 했다.

인상주의 화가가 그린 평범한 시민 가정의 집안 장면과 정물화, 도시와 리조트 풍경은 당시 프랑스인이 늘 보는 일상적인 풍경이었다. 뒤랑뤼엘은 생활감이 물씬 풍기는 공간을 그린 전위예술을 궁정 양식과 조합해 자칫 조잡하게 비칠 수 있는 인상주의 그림에 참신한 개성을 불어넣었다. 참신함이야말로 새로운 시대의 '귀족' 지위를 상징하는 연출이었으며, 이 연출이야말로 뒤랑뤼엘의 영리한 마케팅 전략의 묘미였다. 그의 살롱에 일단 발을 들인 사람이라면 자신이 마치 귀족이 된 듯한 분위기에 휩싸여 냉철한 판단력을 잃고 황홀경에 빠져 최면에 걸린 듯 지갑을 열었다.

폴 뒤랑뤼엘의 화랑은 시민 고객이 새로운 시대의 귀족으로 신분 상승하는 데뷔 무대였다. 귀족 대접을 받고 한껏 기분이 좋아진 시민 고객은 자신의 귀족성을 증명하기 위해 흔쾌히 그림을 샀다. 그들은 뒤랑뤼엘이 꾸며놓은 무대에 올라와 그가 짠 각본대로 충동 구매하면서도 그 사실을 알아차리지 못했다. 이 마술적인 판촉 효과를 지닌 공간 연출로 인상주의 그림은 새로운 시대 귀족이라면 반드시 소장해야 할 필수품이 되었다. 그리고 그 연장선에서 이제 막 경제대국으로 발돋움한 미국의 신흥 재벌들이 특히 이 귀족 놀음에 푹 빠져 인상주의 그림을 사들이는 데 그야말로 돈을 물 쓰듯 썼다.

어느 나라에서나 사람들은 귀족적 생활에 매료된다. 사람 사는 이치는 거기서 거기이지만 미국인의 귀족을 동경하는 마음에는 약간 상식을 벗어난 성격이 있었다. 그도 그럴 것이 신흥국가 미국에는 애초 귀족 제도가 존재하지 않았기 때문이다.

'전 세계의 돈줄' 미국인 부호의 '귀족 콤플렉스'를
절묘하게 공략하여 인상주의 회화를
최고가 상품으로 둔갑시킨 폴 뒤랑뤼엘

영국의 식민지 지배에서 벗어나 미국이라는 새로운 독립국이 건국되었다. 1776년의 일이다. 최초의 인상주의 전시회는 이보다 100년 후인 1874년에 개최되었다. 역사적 전통이 빈약한 미국에는 유럽과 같은 명예로운 작위를 받을 수 있는 귀족계급의 전통이 없다. 백악관의 주인인 대통령이라는 미국 최고 지도자조차 선거에 의해 선출되는 '공직'일 뿐이며, 유럽 국가의 왕위와 귀족 칭호처럼 오랜 세월에 걸쳐 이어져 내려온 전통과 엄격한 인습에 따라 세습되는 '신분'은 아니다.

좋든 나쁘든 미국이라는 나라에서 특권적 지위 개념은 구세계 유럽의 귀족 같은 전통적 계급과 작위로 주어지지 않는다. 이 나라에서 특권적 지위란 경제적, 정치적 투쟁을 통해 획득할 수 있는 재력과 권력을 의미한다. 미국이 한편으로 '기회의 땅'이면서 동시에 이 나라의 부유층이 귀족 문화에 강한 콤플렉스를 갖게 된 것은 그런 연유에서다.

귀족 문화는 전통이라는 역사적 축적과 격식이라는 세련된 양식으로 사람들에게 경외감을 불러일으킨다. 사람들이 평등한 사회를 염원하며 혁명을 통해 출현시킨 프랑스 시민사회에서조차 대중은 여전히 귀족 문화를 은연중 동경했다. 수많은 모순과 폐해를 안고 있으면서도 전통과 격식에는 사람들의 마음속에 존경심을 일으키는 무언가가 깃들어 있기 때문이다.

미국은 아메리칸 드림을 꿈꾸는 유능한 인재가 전 세계에서 부나비처럼 몰려드는 나라였다. 또한 이 나라는 경제적 활력이 넘쳐나는 기회의 땅이었다. 그러나 전통과 격식 등 문화 자산의 결실로 볼 수 있는 귀족 제도 자체가 없다는 사실은 이 나라의 신흥 부유층 사람들에게는 도저히 채울 수 없는 허무함의 원천이 되었다. 미국의 부유층이 미술품 수집에 병적일 정도로 열을 올리는 행태도 바로 이러한 허무감을 채우기 위한 몸부림으로 이해할 수 있다. 그도 그럴 것이 아무리 거대한 부를 쌓아도 그들은 귀족과 귀부인 작위를 얻을 수는 없었기 때문이다.

엄청나게 많은 돈을 벌고 사회적으로 크게 성공해도 귀족이 될 수 없는 미국인은 귀족과 귀부인을 그린 회화와 조각, 그들의 생활상을 아로새긴 공예품을 소유함으로써 귀족 제도가 없는 나라에 태어난 특권 계층의 증표로 삼고자 했다. 그런 까닭에서인지 지금도 트럼프 타워를 비롯한 뉴욕 호화 저택의 인테리어는 하나같이 루이 15세 양식으로 뒤덮여 있나.

구세계 귀족이 소유한 미술 공예품을 '돈을 주고 사는 방법'으로만 간접적으로 '귀족적' 생활을 누릴 수 있는 미국인 부유층. 폴 뒤랑뤼엘의 카브리올 레그 가구와 금테 액자를 도구로 활용하는 마케팅 전략은 그런 미국인 부유층의 정체성과 욕구를 정확히 겨냥하여 그들이 절대로 손에 넣을 수 없는 귀족 작위의 꿈을 실현시켜 주는 듯한 착각을 불러일으키는 방향으로 구사되었다.

폴 뒤랑뤼엘은 카브리올 레그 가구로 가득 채운 살롱 안에 금테 액자에 넣은 인상주의 그림을 장식해 세계 그림 시장을 이끄는 최고가 상품으로 둔갑시켰다. 과녁을 정확히 맞춘 그는 마르지 않는 샘과도 같은 돈줄인 미국인의 '재력'에서 비롯된 사재기 열풍 덕분에 거물 미술상으로 입지전적인 성공을 거두었다.

파리 미술품 가격을 치솟게 만든 미국인 수집상의 사재기 열풍

폴 뒤랑뤼엘은 문구상에서 미술상으로 전직한 아버지에게 화랑을 물려받았다. 1865년의 일이다. 당시는 미국에서 남북전쟁이 끝난 해였다. 이후 미국에는 록펠러를 비롯한 세계적인 부호가 속속 등장했다. 미국이 세계 최고 경제 대국으로 올라설 무렵 인상주의 회화 역시 시장에서 본격적으로 자리를 잡아가기 시작했다.

남북전쟁 이전 미국에서 부호라고 하면 '대지주'를 의미했다. 1830년대에 대부호라는 이름에 걸맞은 자산가는 애써봐야 다섯 손가락을 채우기 쉽지 않을 정도로 드물었다. 그러다가 1860년대에 몇백 명 단위로 급증했고, 남북전쟁을 거쳐 1870년대에 들어서자 수천 명 단위의 대부호가 탄생했다. 전쟁으로 인한 군수 경기와 전후의 경제 부흥으로 이루어진 호경기에서 철강산업과 철도사업이 급성장하며 금속과 부동산 거품 경기를 초래했다. 여기에 더해 석유 수요가 급증하며 석유 재벌까지 부호 대열에 합류하면서 미국에 신흥 부유층이 탄생했다.

미국 신흥 대부호의 부가 파리 패션과 미술 시장에 밀물처럼 쏟아져 들어왔다. 신흥국 미국에서는 호화로운 사치품과 유서 깊은 미술품을 사고 싶어도 살 곳이 마땅치 않았기 때문이다. '세계를 여행하는 쇼핑객'이라는 오늘날에도 익숙한 미국인 부유층의 행동 양식이 그 시대에 확립된 것도 그런 맥락에서였다. 돈과 시간이 넘쳐나는 미국인은 프랑스, 특히 파리로 건너가 쇼핑에 열을 올렸다. 파리는 미국인 부유층이 참새가 방앗간 못 지나치듯 수시로 드나드는 쇼핑 천국이었다. 유럽 예술의 수도 파리는 귀족적 화려함의 정수인 패션과 귀족적 미학의 결정체인 미술품이 만들어지는 생산지였기에 미국인은 성지 순례하듯 파리로 몰려들었다. 새로운 시대의 맹주가 되었으나 문화도 전통도 '돈을 주고 살 수밖에 없는' 미국인에게 파리는 여행과 쇼핑을 동시에 해결할 수 있는 매력적인 여행지였다.

이렇듯 파리의 미술품 가격은 갑자기 투입된 미국인의 재력 덕분에 그야말로 자고 일어나면 값이 치솟을 정도로 열풍이 대단했다. 초반에는 보수적인 태도를 보이며 조심스럽게 아카데미 화가의 작품과 검증된 골동품을 사들이던 미국인 수집가들도 시나브로 인상주의라는 신시대를 상징하는 예술 양식의 매력에 눈을 떴다. 인상주의를 알게 된 미국인들은 본격적으로 '사재기'에 나서기 시작했고 인상주의 그림값은 자연스럽게 폭등했다.

클로드 모네, 〈아르장퇴유 예술가의 정원〉

1873, 캔버스에 유채, 61×82.5cm, 위싱턴 내셔널갤러리

모네는 삶을 마감하기 직전에 다음과 같이 말했다. "우리 모두는, 그러니까 우리
인상주의자들은 뒤랑뤼엘이 없었다면 다 굶어 죽었을 거요."

클로드 모네, 〈파라솔을 든 여인-모네 부인과 아들〉

1875, 캔버스에 유채, 100×81cm, 워싱턴 내셔널갤러리

인상주의 특유의 경쾌한 터치와 화사한 색감은 신흥국 미국 부유층의 마음을 사로잡았다. 그도 그럴 것이 그림에 그려진 근대 도시 파리의 멋스러운 시민생활과 센 강변 리조트 풍경은 미국인이 추구하는 부르주아 생활의 이상을 보여주는 소재였기 때문이다.

프랑스 회화는 미국인이 동경하고 탐내는 전통의 상징인 동시에 새로운 시대 주인공으로 부상한 시민의 삶을 찬미하는 이중적 효용을 가진 상품이었다. 이렇게 인상주의 그림은 신대륙의 신흥 부유층이 자신들의 신분을 일반인과 차별화할 수 있는 유용한 도구이자 상징으로 자리매김했다.

인상주의 거품 시대의 막을 열어젖힌 '미국 가격'

미국인 부유층의 파리 순례 쇼핑 열기가 고조되던 19세기 말 파리 미술 시장에서 급기야 '미국 가격'이라는 용어가 탄생했다. 이는 법이 정하는 가격을 넘어서는 고가를 의미하는 단어로, 파리 미술상이 재력을 과시하고 싶어 하는 미국인의 허영심을 부추겨 미술품에 엄청난 액수의 웃돈을 매기며 생겨난 바가지 상술을 의미하는 신조어였다.

19세기 프랑스를 대표하는 작가 에밀 졸라(Émile Zola, 1840~1902)

의 소설에도 악덕 상술로 한몫 단단히 챙긴 파렴치한 미술상이 등장한다. 냉철한 관찰자의 시선으로 당대 프랑스 사회를 묘사한 자연주의 소설의 시조 에밀 졸라가 화가를 주인공으로 쓴 『작품(L'Œuvre)』(1886)에 등장하는 노데라는 인물이 바로 그다. 이 소설은 인상주의 화가들의 청춘과 좌절을 다룬 작품으로 알려져 있다.

에밀 졸라는 화가 폴 세잔(Paul Cézanne, 1839~1906)과 죽마고우 사이로 에두아르 마네(Édouard Manet, 1832~1883)와도 교류해 미술계가 돌아가는 구조를 웬만한 전문가 못지않게 꿰고 있었다. 이 소설에는 친구와 지인을 모델로 한 인물이 다수 등장해 관계자들의 심기를 불편하게 만들기도 했다. 물의를 일으킨 이 작품에서 특히 신랄하게 묘사한 인물이 바로 미국인 관광객을 등쳐 먹으며 큰돈을 번 노데였다.

노데는 화랑을 방문한 미국인 관광객에게 바가지를 씌워 주머니가 두둑해졌다. 순진한 관광객에게 '미국인 가격'을 불러 엄청난 고가에 거래를 마무리하는 이 미술상이 폴 뒤랑뤼엘을 모델로 쓰였다는 점에는 의문의 여지가 없다. 그도 그럴 것이 당시 파리의 뒤랑뤼엘 화랑은 미국인 관광객의 사재기 명소로 소문이 자자했기 때문이다.

에밀 졸라가 그린 노데라는 인물은 특별한 작품을 화랑 안쪽에 숨기듯 걸어놓고 고객이 물어보면 고개를 설레설레 내저으며 일반인에게는 도저히 팔 만한 작품이 아니라고 너스레를 떨며 얘기해주지 않았다. 그러면서 다른 작품과는 자릿수가 다른 가격을 붙여두고 일부 미국인 관광객에게만 선심이라도 쓰듯 슬쩍 가격을 귀띔해주는 식이었다. 가격을 들은 고객은 터무니없는 가격에 화들짝 놀라면서도 자신이 뭔가 특별한 대우를 받았다는 우월감과 함께 자신의 재력을 과시하고 싶다는 허영심에 딱히 살 생각도 없던 그림을 덜컥 사들이는 것이다.

에밀 졸라는 노데가 미국인을 상대로 한 장사에서 성공을 거두는 상황을 '몽마르트르 언덕의 금광'이라고 이야기하며 미술상의 성공이 '금테 전략의 산물'이라고 냉소적으로 표현했다. 소설에서는 미술상의 교묘한 상술을 비판적으로 묘사했다. 아무튼 인상주의 거품 시대는 폴 뒤랑뤼엘의 상술이 빛을 발해 르누아르의 〈뱃놀이 친구들의 점심 식사(Luncheon of the Boating Party)〉(1881)가 팔린 덕분에 본격적으로 막이 열린 셈이었다.

요즘 시세로 약 20억 원, 당시 기준으로도 입이 떡 벌어지는 거액에 그림을 산 사람은 미국인 대부호의 자제로 미국 최초의 근대 미술 전문 미술관을 사비로 지은 던컨 필립스(Duncan Phillips, 1886~1966)였다.

르누아르의 이 특별한 그림이 팔린 것은 1923년 6월의 일이다. 그날 초대장을 받고 폴 뒤랑뤼엘의 집을 방문한 필립스 부부는 아버지의 상술을 그대로 물려받은 폴 뒤랑뤼엘의 장남에게 이

끌려 식당으로 들어갔다. 식당에는 〈뱃놀이 친구들의 점심 식사〉를 마주 보고 앉도록 자리가 준비되어 있었다. 이에 필립스 부부는 르누아르의 특별한 명품과 마주 보고 독대하며 점심식사를 하게 되었다. 선택받은 이를 위해 마련된 특등석에서 점심을 들며 담소를 나누는 뒤랑뤼엘 특유의 고객 접대가 없었더라면 인상주의 그림의 사상 최고 가격 기록을 경신하는 상술은 성립할 수 없었을 것이다.

던컨 필립스의 소장품은 워싱턴 북서부의 한적한 주택가에 지어진 웅장한 왕조 양식의 필립스 저택에 소장되어 있다. 미술관으로 꾸며진 저택의 차분한 분위기에서 시대를 선도하는 미술품과 대화하는 과정은 이 사설 근대 미술관의 자랑이다. 르누아르의 그림을 위해 마련된 전시실의 난로 옆에는 견학자가 느긋하게 앉아 그림을 감상할 수 있도록 우아한 의자가 마련되어 있다.

흥미롭게도, 아니 어쩌면 당연하게도 의자의 다리는 유려한 S자 곡선을 그리는 카브리올 레그다.

피에르 오귀스트 르누아르, 〈뱃놀이 친구들의 점심 식사〉

1881, 캔버스에 유채, 129.9x172.7cm, 필립스 컬렉션, 워싱턴 D.C.

'비평을 통한 브랜드화'가
예술의 가치를 좌우하던 시대

비평가의 펜대가 움직이는 대로 판매가가 널뛰던

19세기 프랑스 미술 시장

"이제 신문과 잡지의 뒷받침 없이는 성공을 바랄 수 없겠습니다."

사십 대에 들어선 클로드 모네(Claude Monet, 1840~1926)가 언젠가 폴 뒤랑뤼엘 앞으로 보낸 편지에 푸념하듯 쓴 내용이다. 당시는 '인상주의 그림이 고양이가 앞발로 끼적인 낙서나 고양이가 뚱땅 거리는 피아노 연주보다 나을 게 없다'고 조롱당하던 시대에서 15년쯤 지났을 무렵이다. 그 편지에서 모네는 "비평 내용에는 딱 히 신경 쓰지 않지만……"이라며 애써 초연한 태도를 보이기는 했다. 그러나 모네는 인상주의 등장 초기에 받은 조롱과 비판에 적잖이 상처받은 속내를 내비치고 있다. 모네는 일련의 사태를 겪으며 저널리즘의 영향력을 뼈저리게 깨달았던 모양이다.

종교개혁 이후 벌어진 대대적인 종교 미술 금지라는 전대미문의 상황에 17세기 네덜란드 회화는 절체절명의 위기에 빠졌다. 그런 상황에서 위기를 오히려 기회로 삼아 네덜란드 회화는 '시민 회화'라는 새로운 장르와 시장을 개척했으나 과다한 경쟁으로 가격 폭락을 초래했다.

19세기 파리 미술 시장도 17세기 네덜란드와 비슷한 위기에 맞닥뜨렸다. 프랑스 혁명으로 왕권과 교회권력이 타도되면서 프랑스 미술계도 네덜란드와 마찬가지로 왕·귀족과 교회라는 양대 후원자를 모두 잃어버렸기 때문이다. 그럼에도 19세기 프랑스 회화시장이 미술사에 유례가 없던 인상주의 회화라는 초고가 상품을 탄생시킨 배경에는 칼보다 강한 펜의 힘이 숨어 있었다. 말하자면 인상주의라는 검증되지 않은 상품을 사들일 때 고객은 비평가가 휘두르는 펜대의 향방에 따라 이리저리 춤을 췄다. 비평가가 휘두르는 펜대는 지휘자의 지휘봉처럼 고객의 의사 결정 과정을 마음껏 주물렀다. 19세기 네덜란드에는 존재하지 않던 비평가라는 근대 특유의 전문직 등장이 19세기 프랑스 미술 시장에 한 번도 경험하지 못한 번영을 가져왔다.

폴 뒤랑뤼엘은 비평가의 영향력을 최대한 활용하기 위해 자비로 인쇄 매체를 출간하고 화가의 브랜드화에 매진한 앞서가는 인물이었다. 텔레비전도 라디오도 없던 시대에 인쇄물은 유일한 대중매체였으며, 신문과 잡지에 게재된 비평은 대중에게 압도적인 영향력을 행사했기 때문이다.

19세기 초 파리 출판계에서 초월적 인기를 구가한 저널리스트 샤를 들로네 자작(Vicomte Charles Delaunay)은 저널리즘을 '이름 제조 장치'라고 불렀다. 실제로 저널리즘이란 인쇄라는 당시의 최신 기술로 정보를 광범위하게 인지시키는 과정을 상업화한 근대 특유의 산업 형태였다. 이 정보 산업으로 지명도를 획득한 사람이나 상품은 순식간에 브랜드화에 성공하고 명품으로 거듭나 대중적으로 소비될 수 있었다.

광범위하게 인지된 '이름'은 단순한 '인명'이나 '품격' 혹은 '지명'의 영역을 넘어선 '명사'와 '명품', '명소'라는 브랜드로 탈바꿈했다. '이름'이 '상표'로 변신하면 압도적인 '상품력'을 획득했다. 상품력은 소비자의 구매 가능성을 높이는 상품의 능력이다. 실제로 들로네 자작이 당시 엄청난 판매 부수를 자랑하는 대중지 《프레스(La Presse)》에 게재한 〈파리 소식(Lettres parisiennes)〉(1836~1848)이라는 제목의 시대 비평은 대단한 브랜드 효과로 유명했다. 정치·경제 동향부터 예술과 패션 유행까지, 파리의 최신 정보를 소개하는 이 만평에 소개된 가게에는 순식간에 수많은 인파가 모여들어 북새통을 이루었기 때문이다.

'겔랑(Guerlain)'이라는 프랑스 브랜드 화장품이 있다. 그 브랜드 인기에 불을 붙인 것이 바로 들로네 자작의 만평이었다. 본래 겔랑은 파리 호텔 내에 영국인 여행객을 상대로 문을 연 영국 향수와 비누를 취급하는 아담한 상점이었는데, 샤를 들로네 자작이 소개한 덕분에 파리를 대표하는 향수 전문점으로 거듭났다. 겔랑뿐 아니라 들로네 자작의 〈파리 소식〉에 '이름'이 올라간 상품과 가게는 하루아침에 '명품'과 '명소'로 변신해 손님이 몰려들었기에 손님을 끌기 원하는 점주들은 앞다투어 얼굴 도장이라도 찍으려고 문지방이 닳도록 자작의 집을 들락거렸다.

그러나 점주를 기다리는 그 사람은 자작이라는 작위로 연상할 수 있는 귀족 풍모의 남성이 아니라 수려한 외모로 유명한 문단의 여신과도 같은 존재였다. 이 만평의 필자는 나폴레옹 제정 시대에 활약한 여성 작가 소피 게(Sophie Gay)의 딸 델핀 드 지라르댕(Delphine de Girardin, 1804~1855)으로 '샤를 들로네 자작'은 그녀의 필명이었다. 필명과 작위는 만평 내용을 귀족 취향으로 연출하기 위한 포장의 일종으로, 말하자면 교묘한 영업용 가면인 셈이었다.

'인플루언서 마케팅'의 지평을 새롭게 연 인물, 델핀 드 지라르댕

15년 전, 십 대이던 델핀 드 지라르댕은 어머니가 주최하는 문예 살롱에서 사교계에 데뷔했다. 그녀는 타고난 미모와 재능 덕분에 데뷔와 동시에 '문단의 여신'으로 이름을 날렸다. 델핀은 빼어난 외모에 목소리도 아름다웠다. 그녀가 낭랑한 목소리로 시를 낭송하면 문화계 인사들이 델핀의 발아래 꿇어 엎드려 찬사를 바

쳤다. 소설 『레미제라블(Les Misérables)』(1862)로 유명한 작가 빅토르 위고(Victor Hugo, 1802~1885)와 근대소설의 아버지 오노레 드 발자크(Honoré de Balzac, 1799~1850) 같은 대문호도 델핀의 신도가 되었다. 그녀가 극장 특별석에 모습을 드러내면 관중석에서 우레와 같은 박수갈채가 쏟아졌다.

델핀 드 지라르댕은 대중지《프레스》에 서른 살 즈음부터 만평 〈파리 소식〉을 꾸준히 게재했다. 기사 뒤에 숨은 저자의 정체가 사교계 명사 델핀이라는 사실은 연재를 시작한 후 2주도 지나지 않아 세상에 알려졌다.

재기발랄한 문체로 파리의 '실시간 상황'을 전하는 유행 통신으로 자리 잡은 그녀의 만평은 독자들 사이에 폭발적인 반향을 일으켰다. 만평이 뜻밖의 인기를 얻자 다른 잡지도 가세해 온갖 아류작과 유사 기획이 판을 쳤다. 그 덕분에 각 잡지의 지면에는 독자의 시선을 끌기 위해 비슷비슷한 제목을 붙인 만평이 홍수를 이루었다.

파리를 떠들썩하게 한 인기 만평의 필자는 오늘날 텔레비전 인기 프로그램 사회자나 시사평론가와 비슷한 인지도와 인기를 누렸다. 그중에서도 샤를 들로네 자작의 만평은 오늘날로 말하자면 세계적인 미국의 토크쇼 〈래리 킹 라이브〉나 〈오프라 윈프리 쇼〉 뺨칠 만큼 대단한 인기를 누렸다. 요즘 SNS에서 활동하는 유명 인플루언서가 입는 옷이나 바르는 화장품은 불티나게 팔리다가 공동 구매로 이어져 판매량이 가파르게 치솟는다. '인플루언서 마케팅'이라는 신종 마케팅이다. 쉽게 말해 델핀 드 지라르댕은 '인플루언서'였다. 그녀의 만평은 오늘날 인플루언서의 놀이터인 SNS와 같았다. 델핀의 만평은 SNS에 글이나 사진을 올리자마자 조회 수가 폭발하고 댓글이 실시간으로 달리며 공유되어 전 세계로 퍼져 나가는, 오늘날의 인플루언서를 능가하는 폭발적인 판촉 효과를 발휘했다.

이전에는 델핀 드 지라르댕과 유사한 제목을 단 만평은 정치적 논설이나 사회 시사를 의미했다. 그러다가 델핀의 만평이 대중적으로 인기를 끌면서 유행이나 풍속, 세태를 다루는 비슷비슷한 제목의 만평이 대거 등장했다. 이 혁신적 제목은 만평을 게재한 《프레스》가 신문 시장에서 일으킨 혁명을 답습하는 형태였다. 사실 《프레스》는 오늘날 대중 저널리즘 기반을 확립한 중요한 신문 매체였다. 신문이라고 하면 정치 소식지를 의미하던 당시 언론·출판계의 상식을 뒤엎고 대중 상품으로서의 재미에 오롯이 집중한 혁명적 출판물이 바로 《프레스》였기 때문이다.

이 신문의 발행인은 훗날 '신문왕'이라는 별명이 붙은 에밀 드 지라르댕(Émile de Girardin, 1802~1881)이라는 인물이다. 그는 아직 신문이 혁명파와 왕당파의 정치 주장 매체에 지나지 않던 시대에 중산계급의 정치적 중도층을 고객으로 삼은 오락 전문지를 창간한 탁월한 혜안의 소유자였다. 그때까지 정치 기사로 도배되다시

장 자크 그랑빌, 〈지라르댕 부인의 살롱〉 1845.

왼쪽 끝에서 상체를 젖히고 웃는 인물이 발자크, 그 안쪽 장신의 인물이 뒤마,
부인의 오른쪽에서 피아노를 치는 인물이 리스트, 그 앞에 선 이마가 훤하게 벗어진
인물이 빅토르 위고다.

콩스탕탱 기스, 〈프레스(La Presse)〉

1848, 종이에 펜과 잉크, 22.7×16.9cm, 쿠퍼 휴잇, 스미소니언 디자인 미술관, 뉴욕

피 했던 신문이 에밀 드 지라르댕의 재능으로 오늘날의 정보 버라이어티 프로그램과 비슷한 대중매체로 변신했고, 단숨에 인기몰이에 성공해 발행 부수를 폭발적으로 확대했다.

잡지 지면에 실린 만평과 비평은 압도적인 영향력을 자랑했다. 그 위력은 나중에 일종의 이권으로 변질했다. 대형 신문에 기고하는 집필자에게 소설가와 극작가, 출판업자와 극장주 등이 줄을 대기 위해 우르르 몰려들었다. 문화계 인사들은 펜대를 잡은 사람의 비위를 맞추고자 온갖 술책을 동원했다.

비평 이권의 효시는 대중지의 시조격인《프레스》의 효자 상품 〈파리 소식〉으로, 필자 샤를 들로네 자작은 사실《프레스》를 창간한 신문왕 지라르댕의 아내 델핀 드 지라르댕이었다.

미술상 폴 뒤랑뤼엘이 직접 잡지를 발간한 이유

폴 뒤랑뤼엘도 신문·잡지에 게재된 비평이 그림 판매량으로 직결된다는 사실을 잘 알고 있었기에 아버지의 미술상을 물려받아 목돈이 생기자 곧장 자신의 나팔수가 되어줄 잡지를 창간했다.

최초로 창간한 잡지《국제 미술 골동 비평(La Revue internationale de l'art et de la curiosité)》(1869)은 그 이듬해에 발발한 프로이센-프랑스 전쟁으로 휴간에 들어갔다. 그러다가 20년 후 미국에 진출할 당시《양 세계의 예술(L'Art dans les deux mondes)》(1890)이라는 잡지를 창간해 언론계에 진출했다. 당시 폴 뒤랑뤼엘보다 먼저 잡지를 창간한 미술상은 없었다.

폴 뒤랑뤼엘이 그 누구도 걸어보지 않은 길에 도전한 것은 저널리즘이 브랜드 제조 장치임을 간파하고 있었기 때문이다. 그는 저널리즘의 힘을 빌리면 무명 화가가 그린 그림을 '명화'로 '제조'할 수 있음을 알고 있었다.

폴 뒤랑뤼엘은 샤를 들로네 자작이 말한 '이름 제조 장치'가 '수요 창출 장치'이자 '상품 판매 장치'임을 사업가로서 정확히 꿰뚫어보고 있었다. 그는 사업가 특유의 유창한 언변으로 주장을 펼쳤다. 다른 신문과 잡지에 호의적인 비평이 게재되기를 기다리지 말고 자신이 발행하는 잡지에 비평을 게재하는 편이 빠르다고 그는 열변을 토하기도 했다. 말하자면 '나무 밑에 누워서 열매가 떨어지기를 기다리지' 말고 '나무를 흔들어서 열매를 떨어뜨리는' 발상으로 사고를 전환하라는 의미였다. 이는 내 입이 되어줄 매체를 만들면 그만이라는 뜻이다. 실제로 그가 발간한 인쇄물은 잡지라는 간판을 달았으나 뒤랑뤼엘 화랑의 광고지였고, 자신이 밀어주는 화가의 개성을 브랜드 가치가 있는 상품으로 만들겠다고 노골적으로 홍보하는 광고 팸플릿이었기 때문이다. 요컨대, 그의 잡지는 뒤랑뤼엘 화랑이 직접 만든 '브랜드 제조 장치'였던 셈이다.

"이제 비평은 비평가를 먹여 살릴 뿐이다"

프랑스의 대문호 오노레 드 발자크는 "이제 비평은 비평가를 먹여 살릴 뿐이다"라고 탄식했다. 발자크가 저서 『기자 생리학 (Monographie de la presse parisienne)』(1842)의 '공리'를 다룬 부분에서 언급한 내용이다. 이는 모네가 폴 뒤랑뤼엘에게 "이제 신문과 잡지의 뒷받침 없이는 성공을 바랄 수 없겠습니다"라는 내용을 담은 편지를 써서 보내기 반세기 남짓 전의 일이다. 발자크와 달리 뒤랑뤼엘의 혜안은 오히려 '비평가를 먹여 살림으로써' 비평을 자신의 아군으로 만들었다는 점에 있다.

"이제 비평은 비평가를 먹여 살릴 뿐이다"라는 오노레 드 발자크의 주장은 머지않아 진리로 입증되었다. 『잃어버린 시간을 찾아서(À la recherche du temps perdu)』(1913~1927)로 20세기 소설의 시조가 된 마르셀 프루스트(Marcel Proust, 1871~1922)가 그의 주장을 증명한 셈이기 때문이다. 프루스트는 당시 유력지《질 블라스(Gil Blas)》에 『잃어버린 시간을 찾아서』에 관한 서평이 게재되도록 하기 위해 정성을 쏟고 금전적 투자를 아끼지 않았다.

마르셀 프루스트는 잡지 편집부 앞으로 보낸 편지에서 자신의 소설 『잃어버린 시간을 찾아서』의 서평을 게재하고 그 비용은 책을 출간한 그라세(GRASSET) 출판사에 청구해달라고 요청했다. 그런데 정작 그라세 출판사 사주에게 보낸 편지에는《질 블라스》가

서평 게재료로 청구하는 금액에 관해서는 프루스트 자신이 전액 부담하겠다고 약속했다.

아무튼 마르셀 프루스트의 정성이 통했는지 잡지는 그의 작품에 대해 우호적인 서평을 실어주었다. 훗날 그가 자신의 소설 서평을 게재한 잡지에 약속한 대로 직접 사례했는지는 알 수 없다. 소설을 낸 출판사가 잡지 편집부에 지급하는 형식을 갖추어 프루스트 자신이 전액을 부담하겠다는 편지 내용으로 보건대 이러한 거래가 당시에는 드물지 않은 관행이었음을 짐작할 수 있다. 아마도 비평가 주변에 이런 방식의 거래 네트워크가 형성돼 있었을 것이며, (발자크가 지적한 대로) '비평이 비평가를 먹여 살리기 위한' 얼개가 갖추어져 있었다고 볼 수 있다.

비평가를 둘러싼 인간관계가 주위에 떨어지는 콩고물을 주워 먹는 네트워크, 즉 부수입을 챙기는 구조라는 것을 오노레 드 발자크는 『기자 생리학』과 같은 해에 펴낸, 출판계의 내막을 폭로한 소설 『환멸(Illusions perdues)』(1842)에서 생생하게 그려냈다. 신문과 잡지의 공연 관련 집필자에게 극작가와 흥행사가 달라붙어 아양을 떨고 공짜 표를 슬쩍 찔러 주었다. 공짜 표는 전문업자가 돈으로 바꾸어줘 비평가의 용돈이 되었다. 실제로 연극을 보러 가지도 않고 적당히 글을 써서 칭찬하기만 하면 온갖 선물과 짭짤한 부수입이 쏟아져 들어오니 비평가는 땅 짚고 헤엄치는 식으로 편하게 돈을 벌 수 있었다.

아무튼 그런 식으로 신문이나 잡지에 비평을 기고하기만 하면 무수한 이권이 수중에 떨어지는 구조가 만들어졌다. 그로써 연극뿐 아니라 소설 세계에서도 못된 버릇에 물든 비평가들이 나타났다. 출판사에서 서평을 게재해달라고 증정본을 보내거나 극단에서 공짜 연극표를 보내면 책은 읽지도 않고 연극은 보지도 않은 채 전문업자에게 돈으로 바꾸어 금품을 챙기는 비평가가 나타난 것이다. 다만 문예 비평가 중에는 한때 소설가를 꿈꾸다 좌절한 소설가 지망생이 적지 않아 질투심과 시기심에 찬 서평을 쓰는 '독설 논객'이라는 비평가도 있었다. 오노레 드 발자크가 이러한 독설 논객을 표적으로 삼고 분노를 담아 꾹꾹 눌러쓴 저널리즘 고발서가 『기자 생리학』이었다. 아픈 곳을 찔려 뜨끔한 각 신문사는 발끈하며 벌떼처럼 들고일어나 발자크 타도를 외쳤고, '불경한 작가'에게 괘씸죄를 적용해 원고를 의뢰하지 않는 방식으로 치졸하게 보복했다.

폴 뒤랑뤼엘은 노련한 사업가로 오노레 드 발자크보다 현실적인 사고방식의 소유자였다. 뒤랑뤼엘은 저널리즘을 비판하기보다 자신이 직접 발행주가 되어 언론의 목줄을 쥐는 쪽을 선택했다는 점에서 역시 현실적인 전략가였다. '비평이 비평가를 먹여 살리기만 한다'라는 발자크의 주장을 거꾸로 이용해 '비평가를 먹여 살림으로써' 비평을 자신의 편으로 만든 영리한 술책이었다.

소설『작품』을 통해 '비평가의 밥벌이 처세술'을
신랄하게 파헤친 작가, 에밀 졸라

폴 뒤랑뤼엘은 아무리 팔자가 좋아 보여도 비평가 역시 한낱
'고용된 신분'임을 날카롭게 꿰뚫어보았다. 말하자면 비평가도
입에 풀칠하기 위해서는 자신에게 돈을 주는 사람들의 비위를 맞
추어야 했다. 돈을 대는 사람이 비평가의 목줄을 쥐고 있었던 것
이다. 에밀 졸라도 한때 비평을 쓴 적이 있었기에 그 사실을 잘 알
고 있었다. 예를 들어 그의 소설『작품』에 등장하는 비평가 조리
는 고용된 신분의 한계를 대변하는 캐릭터다.

에밀 졸라는 조리를 통해 고상하게 보이는 비평가도 알고 보
면 먹고 살기 위해 입에 발린 공치사나 늘어놓아야 하는 가련한
인생임을 날카로운 펼치로 폭로했다. 일류 잡지에 비평을 게재한
덕분에 조리 주변에는 그의 환심을 사려는 화가가 끊이지 않았
다. 조리는 파리 떼처럼 주변에 꼬이는 예술가들이 찔러주는 금
품과 용돈으로 사치스러운 생활에 푹 빠져 지냈다. 한데 그의 옛
친구이자 이 소설의 주인공인 클로드를 비롯한 신인 화가에게 힘
을 실어주는 비평은 단 한 줄도 쓰지 않았다.

조리는 옛 친구들과의 의리를 지키기는커녕 클로드의 혁신적
화풍을 졸렬하게 모방해 성공한 화가를 치켜세우는 비평으로 한
몫 단단히 챙겼다. 그런 그가 마치 자신이 그 화가를 업어 키운 은

에두아르 마네, 〈에밀 졸라 초상〉

1868, 캔버스에 유채, 146.5×114cm, 오르세 미술관, 파리

인 행세를 하며 온갖 유세를 부려 옛 친구들의 입에서 실소를 자아냈다. 그러나 어쨌든 그림이 팔려야 먹고 살 수 있는 무명 화가인 조리의 친구들은 그를 비난하면서도 애가 바짝 탔다. 언제쯤 자신들의 작품을 다루어줄 수 있는지 묻자 조리는 뻔뻔하게도 "내가 발행인이 되면 써주지"라고 약속했다.

물론 그 약속은 공수표로 끝난 데다 한술 더 떠서 조리는 옛 친구 클로드가 불우한 생활을 견디다 못해 자살로 생을 마감했음에도 장례식에조차 얼굴을 비치지 않았다. '발행인만 되면' 뭐든 다 들어주겠다던 약속은 한낱 고용된 처지의 비평가인 자신에게는 재량권이 없음을 한탄하는 자조 섞인 허풍이었다. 조리는 옛 친구가 얼마나 재능이 풍부한 화가인지 같은 문제에는 관심도 없었다. 친구는 비평을 써줘봐야 별 볼 일 없는 불우한 화가였다. 그런 친구를 위해 비평을 쓸 생각이 눈곱만큼도 없는 조리에게 그 말은 구차한 변명에 지나지 않았다.

수지타산과 보신을 위해 변명밖에 늘어놓지 않던 속물 비평가 조리의 공수표를 기세 좋게 실현한 사람은 폴 뒤랑뤼엘이었다. 왜냐하면 그는 30대 중반의 젊은 나이에 아버지의 화랑을 물려받자마자 '자신이 발행인이 되어' 잡지를 창간했기 때문이다.

처음부터 폴 뒤랑뤼엘은 잡지 판매 부수와 광고 수입을 기대하지 않고 출간에 거액의 경비와 막대한 노력을 쏟아부었다. 그는 '비평가를 먹여 살리는' 잡지 발행인이 되어 '비평가를 자신의 편'으로 만들었다. 그 비평가 덕분에 그림이 팔리기만 하면 잡지 경비 따위는 간단히 메우고도 남을 돈이 뒤랑뤼엘의 수중에 들어왔으니 절대로 손해 보지 않는 장사였다.

폴 뒤랑뤼엘은 왜 내로라하는 문화예술계 인사에게 아낌없이 비용을 쏟아부었나

참고로 오늘날 미술사 서적과 미술상이 등장하는 인상주의와 인연이 있는 비평가라고 하면 마네의 지인으로 그의 회화 사상의 기반이 된 모데르니테(modernité), 즉 근대성을 제창한 시인 피에르 보들레르(Charles Baudelaire, 1821~1867)와 에두아르 마네의 작품을 옹호한 젊은 에밀 졸라, 그를 계승하는 형태로 인상주의 옹호 진영을 펼친 시인 스테판 말라르메(Stéphane Mallarmé, 1842~1898) 등의 이름이 거론된다.

그들의 비평은 후세의 연구로 알려졌으며, 당시 화단과 시장에 미치는 영향력은 거의 없었다. 그와는 대조적으로 폴 뒤랑뤼엘이 직접 출간한 잡지는 신인 화가들의 등용문과 같았다. 뒤랑뤼엘이 기용한 집필진이 점찍은 화가는 곧장 유망주라는 후광을 입고 세간의 관심이 집중되었다. 뒤랑뤼엘 잡지에서 보증한 화가는 정부가 '지원'하거나 저널리즘의 집중 조명을 받는 이른바 '어용 문화인'이 되어 승승장구할 수 있었다.

폴 뒤랑뤼엘이 편집장으로 기용한 에르네스토 페도(Ernest-Aimé Feydeau, 1821~1873) 등은 뒤랑뤼엘의 인선을 상징하는 인물로, 잡지를 가장한 광고지라는 연막작전에 딱 맞는 거물 문화인이었다. 페도는 당시 불륜소설을 써서 큰 성공을 거두고 어마어마한 인지도를 획득한 소위 잘나가는 작가였다.

오늘날 문학사에서는 거의 언급되지 않는 무명 작가이지만 당시 에르네스토 페도는 근대 사실주의 소설의 시조인 귀스타브 플로베르(Gustave Flaubert)의 『보바리 부인(Madame Bovary)』(1857)을 모방한 작품으로 원조인 플로베르를 능가하는 부와 명성을 거머쥔 한 시대를 풍미한 작가였다. 대표작 『파니(Fanny)』(1858)는 유부녀를 사랑하는 청년의 심리를 그린 소설로 불륜과 부채에 내몰려 자살하는 유부녀의 심리를 그린 플로베르의 작품 『보바리 부인』의 설정을 뒤집은 아류작이었다.

『보바리 부인』이 비도덕적인 소설이라고 온갖 비판을 받으면서도 베스트셀러가 되자 낯 두꺼운 에르네스토 페도가 『보바리 부인』을 적당히 짜깁기해 이듬해 단숨에 써 내려간 작품이 『파니』였다. 그러나 페도의 아류작은 원조 『보바리 부인』의 다섯 배 가까이 팔리는 대박 상품이 되었고, 그 덕분에 페도는 당대를 대표하는 인기 작가로 거듭났다.

그 '대작가'이신 에르네스토 페도가 거느린 잡지 《국제 미술 골동 비평》의 집필진에는 일류 신문·잡지 비평 코너에 단골로 글을 싣는 필자, 루브르 미술관의 주임학예원, 내무부 미술 부서의 요인, 국립 미술학교 교장, 거물 미술 비평가 등 당시 미술 저널리즘 혹은 미술 행정에 콧방귀 좀 뀐다 하는 내로라하는 인사들이 대거 포진했다. 그들에게 주는 사례만으로도 상당했을 텐데 뒤랑뤼엘은 돈을 아끼지 않았다. 그들의 비평으로 그림이 일단 팔리기만 하면 화랑은 수지맞는 장사를 할 수 있었기에 후한 사례를 아낌없이 지급하며 문화계 인사를 돈으로 구워삶아 자신의 계획대로 조련했다.

'대중의 상품 지식 부족'이 19세기 유럽에서
비평가의 가치와 영향력을 극대화시킨 가장 큰 이유였다?

19세기 비평과 시사만평의 수요 폭발은 오늘날 우리의 상상을 초월하는 수준이었다. 델핀 드 지라르댕의 〈파리 소식〉 코너와 같은 인기 시사만평이 누린 인기는 때로 소설을 웃돌았다. 소설가인 에밀 졸라도 시인 보들레르도 작가로 이름을 알리기 전에는 신문과 잡지에 비평을 써서 생활비를 벌었으니 이런 부류의 글을 원하는 소비자의 수요가 어느 정도였는지 짐작할 수 있다. 그 정도로 당시 독자는 자신의 의견과 견해를 갖기 위해 권위 있는 전문가의 식견을 원했다.

특히 미술품이나 골동품처럼 기본 지식이 필요한 분야에 관한 지식에 목마른 대중이 많았다. 그에 따라 소비자가 돈을 쓰는 보람을 느끼게 해주는 전문가의 '보증 수표'가 필요해졌으며, 비평가라는 새로운 직군이 그 '보증 수표' 자리를 꿰찼다.

혁명이 일어나자 그야말로 자고 나니 세상이 달라져버렸다. 어느 날 갑자기 시민사회에서 살아가게 된 대중은 방향성을 상실한 채 길 잃은 양 떼처럼 우왕좌왕했다. 돈을 주고 뭔가를 사려고 해도 상품 지식이 압도적으로 부족했기에 비평가의 식견에 의지하지 않으면 눈 뜬 상태에서 코 베이는 세상에서 순진하게 쇼핑에 나섰다가 교활한 장사꾼의 봉이 되기 십상인 처지였다. 레오나르도 다빈치와 미켈란젤로가 활약한 15~16세기 르네상스와 렘브란트, 페르메이르가 활동한 17세기 바로크 시대에 미술 비평가는 존재하지 않았다. 르네상스 시대에는 비평을 공표하기 위한 저널리즘이 발달하지 않았으며 비평이 필요한 독자도 존재하지 않았기 때문이다.

시민이 미술 시장의 고객이 된 근대 이전 시대에는 제삼자인 비평가의 조언 따위는 필요하지 않았다. 그 시절에는 회화와 조각의 대부분이 왕실과 귀족사회, 그리고 교회의 주문으로 제작되었기 때문이다. 미술품의 품질은 어디까지나 주문자인 왕과 귀족, 고위 성직자가 요구하는 프레젠테이션 기능을 수행할 수 있는지를 기준으로 판단하는 것이 일반적이었다. 또한 작품 소재, 만듦새, 보수에 관한 문제까지 사전 계약에 따라 세세하게 정해진 조건에 맞추어 제작했다.

주문자를 만족시키지 못하는 작품은 납품이 거부되었다. 실제로 레오나르도 다빈치도 미켈란젤로도 주문과 완성 작품이 다르다는 이유로 재제작을 요구받은 적이 있었다. 설령 주문대로 완성한다 해도 주문자의 몰락이나 변덕과 같은 변수로 인해 납품할 수 없게 되거나 개작을 통보받는 불운한 작가도 적지 않았다. 하나부터 열까지 주문자의 의향에 따라 정해지는 주문 제작 방식은 미술품의 품질에 관해서 비평가라는 제삼자가 관여할 여지가 극도로 제한되어 있었다.

기성 미술품을 전시 판매하는 시민 시장에서의 판매 역시 본질은 크게 다르지 않았다. 왜냐하면 작품의 품질과 구매 여부 판단이 역시 물건을 사는 사람, 즉 고객에 의해 결정되었기 때문이다. 그러나 이때 문제는 돈을 내고 상품을 구매하는 고객이 가진 상품 지식이 너무 부족하다는 데 있었다. 앞에서 우리는 17세기 네덜란드에서 왕실과 귀족처럼 미술품에 관한 지식을 대물림해서 축적하지 못한 어리숙한 시민 고객을 상대로 복제 상품 판매가 횡행한 사실을 살펴보았다. 이러한 상황은 혁명으로 왕실과 교회라는 대형 후원자를 잃고 시민 고객을 육성해야 할 필요성이 절박해진 19세기 프랑스 미술 시장에서도 마찬가지였다. 장사의 성패는 상품 지식이 없는 시민 고객을 구매라는 의사 결정으로 이끄는 전략에 달려 있었다. 이 시대에 비평가라는 바람잡이, 즉 소비자의 구매 충동을 부추기는 새로운 시대의 직업인이 등장할 수밖에 없었던 것은 그런 맥락에서였다.

기성 작품 판매 전략에서 '비평을 통한 브랜드화'가
필수 요소일 수밖에 없는 까닭

비평가는 근대 이전까지도 존재하지 않던 직업이었다. 왜냐하면 비평을 소개하는 본격 무대인 정기적으로 대형 부수를 발행하는 인쇄 매체가 주도하는 저널리즘이 탄생하지 않는 한 비평가는 성립할 수 없는 직업이기 때문이다.

저널리즘을 '이름 제조 장치'라고 불렀던 샤를 들로네 자작, 즉 델핀 드 지라르댕은 미술품뿐 아니라 '이름'만큼 시민을 고객으로 삼는 기성품 시장에서 강력한 판촉 능력을 발휘하는 수단은 없다고 믿었다. 그녀는 '이름'의 위력을 누구보다 날카롭게 간파하고 있었다.

주문 제작 상품과 달리 기성품은 '재고'와 '수량 부족'이라는 위험 부담을 감수해야 한다. 그런 터라 기성품은 실제 판매량을 최대한 정확히 예측해서 제작해야 했다. 이를 위해서는 '브랜드화'가 필수 조건이다. 본래 기성품 제작은 수요 예측을 전제로 하는데, 예측은 어디까지나 예측일 뿐이다. 이 예측이 빗나가면 상품이 그대로 재고로 쌓이게 되거나 그와는 반대로 준비한 수량이 부족해져 상품을 팔 기회를 놓칠 위험이 있다. 이러한 수요 예측이라는 '감에 의존하는' 장사의 한계를 보완하기 위해 브랜드화 전략이 등장했다. 수요 창출이라는 '수비'에서 '공격'으로 전략을 변경하는 과정에 비평가가 등장했다. 이는 샤를 들로네 자작의 말에 따르면 '이름 제조 장치'다.

샤를 들로네 자작은 저널리즘을 '신'이라고 불렀다. 실제로 이 '이름 제조 장치'는 천재를 발굴했기에 저널리즘은 화가에게 명성을 안겨줄 수 있는 새로운 시대의 신으로 군림했다. 그리고 화가의 재능을 천재의 '이름'으로 포장해 세상에 내보내는 힘을 새 시대의 '신관'인 비평가가 쥐고 있었다. 비평가는 손님을 끄는 호객꾼이자 구매를 부추기는 바람잡이였다. 나아가 비평가는 화가의 생살여탈권을 쥔 전지전능한 신관이었다. 그러므로 비평가의 글을 싣는 잡지와 신문은 어떤 의미에서는 화가에게 살생부나 다름없었다.

이 신과 신관의 권위를 손에 넣기 위해 전략적으로 인쇄 매체를 활용한 미술사 최초의 미술상이 폴 뒤랑뤼엘이었으며, 그 새로운 시대의 신탁으로 탄생한 '초고가' 명품 브랜드가 인상주의 회화였다.

폴 뒤랑뤼엘은 '인상주의의 발견자'인가,
'인상주의의 발명자' 혹은 '날조자'인가?

런던 내셔널갤러리에서 'Inventing Impressionism'이라는 제목의 전시회가 개최되어 선풍적인 인기를 끌었다. 2015년 봄의 일이다. 직역하면 '인상주의 발명'인데, 그보다는 '인상주의 창조'가 좀 더 적합하다고 느껴진다. 아무튼 부제를 '폴 뒤랑뤼엘과 근대 미술 시장(Paul Durand-Ruel and the Modern Art Market)'이라고 붙인 이 전시회는 뒤랑뤼엘을 주인공으로 내세운 획기적인 기획이었다. 전시회에서는 그의 미술상으로서의 뛰어난 업적을 보여주는 다양한 자료를 인상주의 회화와 함께 관객에게 선보였다. 이 전시회는 한 해 전 가을 파리 뤽상부르 미술관을 시작으로 런던 내셔널 갤러리, 필라델피아 미술관을 순회하는 프랑스, 영국, 미국 3국 순회전으로 기획되었다. 흥미롭게도 전시회 이름은 세 나라에서 각기 다르게 붙었다. 예를 들어 프랑스에서는 '폴 뒤랑뤼엘, 인상주의의 도박(Paul Durand-Ruel, le pari de l'impressionnisme)'이라는 제목이 붙었다. 또 미국에서는 '인상주의의 발견: 폴 뒤랑뤼엘과 새로운 회화(Discovering the Impressionists: Paul Durand-Ruel and the New Painting)', 영국에서는 '인상주의의 창조' 혹은 '인상주의의 발명'에 해당하는 'Inventing Impressionism'이라는 제목을 내걸었다.

참고로 이 '창조' 혹은 '발명'으로 풀이된 'Inventing'에는 창작

피에르 오귀스트 르누아르, 〈폴 뒤랑뤼엘 초상〉

1910, 캔버스에 유채, 65×54cm, 개인 소장

과정에 '조작'과 '날조'가 가미된다는 뉘앙스가 스며 있다. 그런 맥락에서 미국 전시회 제목이 폴 뒤랑뤼엘을 인상주의의 발견자로 정의했다면 영국 전시회 제목은 그를 인상주의의 발명자 혹은 날조자라는 뉘앙스를 풍기는 중의적인 제목을 붙였다.

19세기 이후 미국인의 인상주의 사랑은 뜨거웠다. 미국에서 경외의 대상이 된 인상주의가 일개 미술상의 손으로 창안 혹은 날조되었음을 내비치는 전시회 제목에 정서적인 거부감을 느끼는 사람이 있을 수도 있다.

한편 프랑스 전시회 제목인 '도박'은 대담한 인상을 주며 영국 전시회 제목에 붙은 '창조'나 미국 전시회의 '발명'보다 수동적인 뉘앙스를 내포하고 있다. 창조의 주체는 화가이고 미술상은 그 화가의 미래를 넘겨보고 가능성에 기대를 거는 사람이다. 즉 도박판에서 판돈을 거는 도박사와 다름없다는 말이다.

프랑스 전시회는 영국과 미국 전시회보다 화가에게 영광을 돌린 제목이다. 어쩌면 폴 뒤랑뤼엘을 '도박사'로 평가한 거장 르누아르의 말에서 착안해 붙여진 이름일 수도 있다. 르누아르에 따르면 뒤랑뤼엘은 기품 있는 신사이며 독실한 기독교 신자로 좋은 남편이자 인자한 아버지였으며 동시에 희대의 도박사였다. 인상주의의 미래를 믿는 무모한 도박에 유일하게 판돈을 걸었던 미술상이 바로 뒤랑뤼엘이었기 때문이다.

프랑스 전시회의 주최자에 따르면 인상주의라는 화파가 일개 미술상의 손에 의해 '창안'되었다는 미술사관은 인상주의의 모국 프랑스의 자존심에 금이 가는 모욕적인 문구였다. 그런 터라 표현을 좀 더 순화하여 이런 제목을 붙였다. 그와 달리 영국은 빈센트 반 고흐를 필두로 한 인상주의의 고액 낙찰 가격을 갱신하며 현대 미술 시장을 이끄는 크리스티와 소더비 경매라는 세계적 경매 회사를 탄생시킨 나라다. 또한 영국은 세계 회화 거래의 중심 무대가 영국이라는 자부심을 가진 나라이기도 하다

그런 맥락에서 영국은 미술상이야말로 미술사를 창조한 주인공이라는 미술사관에 이의를 제기할 필요를 느끼지 못했다. 그리고 그 연장선에서 이 나라는 과거의 상식을 뒤집는 '인상주의 창조' 혹은 '인상주의 발명'이라는 대담한 전시회 제목을 붙여 예술로 돈을 버는 나라는 바로 영국이라는 의기양양한 기분을 맛보았다.

인상주의라는 하나의 화파를 두고 나라마다 다르게 해석한 기획은 새로운 시도였으며 전시회는 성공적인 도전이었다. 이러한 전시 기획의 연장선에서 폴 뒤랑뤼엘의 금테 액자와 카브리올 레그 가구를 활용한 비즈니스 전략이 미술사 연구의 중요한 주제가 될 날도 그리 멀지 않아 보인다.

인간의 욕망은 미술사와 세계사를 움직이는 원동력이다

'인간의 욕망은 어떻게 회화(명화)에 투영되어왔고, 미술사를 드라마틱하게 바꾸어왔으며, 세계사의 흐름에 심대한 영향을 미쳐왔는가?' 이 책을 집필하는 내내 내 머릿속을 맴돈 단 하나의 키워드는 바로 '욕망'이었다.

이 책의 핵심 콘셉트를 한 구절로 제시해보라고 한다면 '세계사를 움직이는 명화, 명화를 움직이는 세계사 이야기' 정도가 되지 않을까. 아니, 이 구절은 완전하지 않다. 왜냐하면 핵심 콘셉트를 완성하는 가장 중요한 키워드가 빠져 있기 때문이다. 그것은 바로 '욕망'이다. 자, 이제 '욕망'이라는 키워드를 넣어 핵심 콘셉트를 완성해보자. '세계사를 움직이는 욕망의 명화, 명화를 움직이는 욕망의 세계사 이야기.'

이 책『부의 미술관』은 14~16세기에 이탈리아를 중심으로 일어난 문예부흥운동 르네상스와 16세기 초반 독일에서 시작되어 네덜란드·스위스 등의 국가를 중심으로 활발히 전개된 종교개혁 이후 자본주의를 태동시킨 8가지 명화 이야기를 다룬다.

인간의 욕망은 시대마다 제각각 다른 목적, 다른 방식으로 명화에 투영되었다. 예컨대 교회와 세속의 가장 강력한 권력자인 교황과 왕은 회화의 '프레젠테이션 기능'을 적극적으로 활용하여 부와 권력 등 자신의 기득권을 유지하고 공고히 하는 수단으로 삼았다. 그 연장선에서 좀 더 구체적으로 교황을 대표로 하는 교회 세력은 레오나르도 다빈치, 미켈란젤로, 라파엘로 같은 당대의 내로라하는 화가들을 총동원하여 자기 입맛에 맞게 프레젠테이션 기능을 담당할 종교 미술품을 제작하는 일에 많은 시간과 천문학적인 돈을 쏟아부었다.

교황이나 왕의 구체적인 주문을 받고 미술품을 생산하던 시대의 예술가들이 교회와 세속의 강력한 권력자들의 욕망을 충족시켜주는 일에 동원되고 부응한 것은 사실이다. 그러나 그렇다고 해서 당대 예술가들이 권력자의 욕망을 충족시켜주기 위한 단순한 도구가 되어 수동적, 혹은 기계적으로 미술품을 제작한 것은 아니었다. 회화나 조각품 등 미술품에 투영되는 예술가의 '욕망'은 교황이나 왕 등 권력자의 욕망 못지않게 크고 강렬했다. 아니, 어떤 면에서 그들의 욕망은 그 어떤 이의 욕망보다 크고 강렬했을 수도 있다. 그들의 욕망은 바로 '자기 손으로 최고의 걸작을 창조하고 싶다'는 욕망, 그럼으로써 '미술사와 세계사의 한 페이지를 장식하고 싶다'는 욕망이 아니었을까! 그런 맥락에서 레오나르도 다빈치, 미켈란젤로 같은 걸출한 예술가가 탄생했으며, 오늘날 인류는 그들이 남긴 〈최후의 만찬〉, 〈모나리자〉, 〈최후의 심판〉, 〈다비드상〉 같은 불후의 명작을 공동 유산으로 갖게 된 것이다.

예술가가 자신이 제작할 작품의 주제와 소재를 선택하고 결정할 권리를 갖지 못하던 시대, 다시 말해 거의 백 퍼센트 '주문 제작 방식'으로 미술품이 생산되던 시대에 예술가들은 돈과 권력을 손에 쥔 주문자의 위세에 눌려 지낼 수밖에 없었다. 그러나 그런 상황 속에서도 미켈란젤로 같은 거장은 때론 로마 교황청과 갈등 상황을 피하지 않으며 자신의 주장을 관철하기도 하고, 또 때론 우여곡절 끝에 로마 교황청이 요구한 프레젠테이션 기능을 멋지게 충족시키는 작품을 완성하여 찍소리 못하게 하는 등 우리에게 통쾌함을 안겨준다. 제단화 〈최후의 심판〉 제막식에서 교황 파울루스 3세가 엉겁결에 "주여, 용서하소서!"라고 중얼거리듯 기도를 올렸다는 일화는 그런 통쾌함의 클라이맥스를 보여주는 장면이라고나 할까!

명화에 투영된 어떤 인물의 '욕망'을 논할 때 프랑스 황제 나폴레옹 보나파르트와 19세기 파리의 최고 미술상 폴 뒤랑뤼엘을 빼놓을 수 있을까. 이 책을 통해 살펴보았듯이, 나폴레옹은 회화의 프레젠테이션 기능을 누구보다 날카롭게 간파하고 정치적 도구로 활용한 인물이기 때문이며, 폴 뒤랑뤼엘은 한때 잡동사니 취급받던 인상주의 회화를 루이 15세 시대의 궁정문화 콘셉트를 적용한 '카브리올 레그'와 '금테 액자'를 동원하여 부르는 게 값인 최고가 명화로 거듭나게 하는 데 성공한 인물이기 때문이다.

나폴레옹 보나파르트와 폴 뒤랑뤼엘, 17~19세기의 다양한 예술가들, 그리고 그 밖의 명화를 둘러싼 많은 이들의 분투는 또 다른 측면에서 부를 창조하고, 자본주의라는 새로운 거대한 체제를 탄생시키고, 역사를 발전시켜 나간 과정의 쉼 없는 연장선이었다고 볼 수 있지 않을까!

약간 생뚱맞지만, 갑자기 궁금해진다. 명화를 둘러싼 독자 여러분의 '욕망'은 무엇인지?

〈해제 '네덜란드의 우상 파괴주의와 프리드베르크의 연구'(解題「ネーデルラントのイコノクラ
　スムとデイヴィッド·フリードバークの研究」)〉, 中村俊春, 『서양미술사』 제6호, 三元社, 2001

『신에게 돈을 빌려준 사람 코시모 데 메디치 : 15세기 피렌체 사업가의 성공과 죄(神からの借
　財人 コジモ·デ·メディチ : 十五世紀フィレンツェにおける一事業家の成功と罪)』, 西藤洋, 法政
　大学出版局, 2015

『Medici Money: Banking, Metaphysics, and Art in Fifteenth-Century Florence』, Tim Parks, W.
　W. Norton & Company, 2006

『회계는 어떻게 역사를 지배해왔는가(The Reckoning: Financil Accountability and the Rise and
　Fall of Nations)』, 제이컵 솔 지음, 정혜영 옮김, 메멘토, 2016

『렘브란트 공방 – 회화시장을 주름잡은 화가((レンブラント工房—絵画市場を翔けた画家)』, 尾
　崎彰宏, 講談社, 1995

〈왕립 회화 조각 아카데미(王立絵画彫刻アカデミ)〉, 栗田秀法, 『서양미술사』 제2호, 三元社,
　2009

『The Ultimate Trophy: How The Impressionist Painting Conquered The World』, Philip Hook,
　Prestel Verla, 2012

『미디어 도시 파리(メディア都市パリ)』, 山田登世子·工藤庸子, 藤原書店, 2018

『신문왕 지라르댕(新聞王ジラルダン)』, 鹿島茂, 筑摩書房, 1997

『Inventing Impressionism: Paul Durand-Ruel and the Modern Art Market』, Sylvie Patry,
　National Gallery London, 2015